1 2

NOUVEAU
VADE-MECUM
DE LA
GENDARMERIE

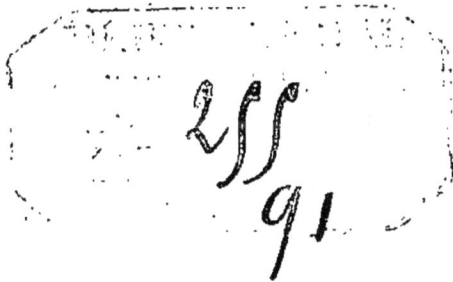

NOUVEAU
VADE-MECUM

DE LA

GENDARMERIE

Par le capitaine C. BERTHET

2e ÉDITION

PARIS | LIMOGES
11, Place St-André-des-Arts. | 46, Nouvelle route d'Aixe, 46.

IMPRIMERIE ET LIBRAIRIE MILITAIRES

Henri CHARLES-LAVAUZELLE
Editeur.

1891

PRÉFACE

Il existe, entre les mains des militaires de la gendarmerie, de nombreux ouvrages qui sont supérieurs à celui-ci, entre autre le *Dictionnaire des Connaissances utiles à la Gendarmerie*, par MM. Amade et Corsin, véritable encyclopédie qui résout à peu près toutes les questions embarrassantes.

Aussi, n'est-ce pas pour combler une lacune que j'ai demandé l'autorisation de publier cet opuscule qui n'est qu'un extrait des décrets ou règlements du 1ᵉʳ mars 1854, du service intérieur, du service des places, des services à pied et à cheval de la gendarmerie, du Manuel des contributions indirectes, du Code de justice militaire, etc., etc., en un mot, de tous les documents en usage dans la gendarmerie.

Mon but a été de faciliter à MM. les
officiers de gendarmerie et aux comman-
dants de brigade leurs interrogations, car,
bien que sachant ces différents règlements,
ils n'ont pas toujours présentes à la
mémoire les nombreuses questions sur
chaque matière qu'ils doivent poser à leurs
subordonnés dans le cours d'une revue ou
d'une théorie.

C'est donc pour répondre à cette première nécessité que j'ai élaboré ce ques-
tionnaire destiné à venir en aide à leurs
mémoire et que j'appellerai : Le *Nouveau
Vade-Mecum de la Gendarmerie.*

Il sera aussi d'une utilité incontestable
pour les gendarmes, parce qu'il résume
leurs divers règlements et en élimine ce
qui n'est pas pour eux d'une pratique jour-
nalière.

Mon travail est divisé en deux parties.
La première a trait spécialement aux fonctions du gendarme agent auxiliaire de l'autorité judiciaire ; la deuxième embrasse les
connaissance ayant un caractère militaire.

Je n'ai pas eu la prétention de faire un
ouvrage complet : des centaines de volu-
mes ne suffiraient pas à traiter les services
multiples de la gendarmerie, et bon nombre de questions trouveraient encore place
dans ce travail; mais tel qu'il est, je crois
que tout gendarme qui le saurait à fond

pourrait remplir ses fonctions sans être embarrassé dans aucune circonstance.

Ce livre a été établi par leçons numérotées de 1 à 25 ; chaque numéro comprend des questions sur les divers règlements déjà cités.

Nota. — Dans les examens, les officiers pourront poser aux gendarmes et aux chefs de brigade une question de leur choix, ou bien faire établir 25 billets numérotés de 1 à 25. Chacun tirera un billet au hasard, puis répondra aux interrogations faites sur toutes les matières traitées dans les leçons correspondant au numéro tiré.

INSTRUCTION SPÉCIALE

1re LEÇON

Qu'est-ce que la gendarmerie, quel est son but et comment s'exerce son action?

C'est une force instituée pour veiller à la sureté publique, au maintien de l'ordre et à l'exécution des lois. Son action s'exerce dans toute l'étendue du territoire continental et colonial français et dans les camps et armées. Elle est particulièrement destinée à la sûreté des campagnes et des communications.

Combien distingue-t-on de corvées et en quoi consistent-elles ?

On en distingue deux sortes : celles à tour de rôle et les corvées générales.

Les corvées à tour de rôle consistent à tenir constamment propres les escaliers, corridor, sellerie, bureau, magasins, buanderie et salle de discipline.

Les corvées générales sont faites par tous les gendarmes non en service extérieur; elles consistent à balayer tous les jours les écu-

ries, latrines, cours, abords de la caserne et
à les arroser, quand il y a nécessité; à rentrer et à placer les fourrages dans les magasins et à remuer l'avoine.

Les gendarmes de bonne volonté, ordonnances des officiers de gendarmerie de tout
grade, sont exempts des corvées, mais ils ne
doivent être dispensés d'aucun service.

*Le permis de chasse est-il toujours obliga-
toire et à qui ne doit-il pas être accordé ?*

Oui, le permis de chasse est toujours obli-
gatoire, sauf pour détruire les animaux malfaisants ou nuisibles, et les bêtes fauves sur
ses propriétés; et sauf pour chasser dans une
propriété attenant à une maison d'habitation
et entourée d'une clôture continue faisant
obstacle à toute communication avec les héri-
tages voisins.

Le permis de chasse ne devra pas être
accordé :

1º A ceux qui, par suite de condamnation,
sont privés du droit de port d'armes;

2º A ceux qui n'ont pas exécuté les condam-
nations prononcées pour délit de chasse;

3º A tout condamné auquel la défense de
paraître dans certaines communes a été faite;

4º Aux mineurs qui n'ont pas 16 ans accomplis;

5º Aux mineurs de 16 à 21 ans, à moins
d'être demandé avec l'assistance et l'autorisation de leur père ou tuteur;

6º Aux gardes champêtres ou forestiers de
l'Etat et aux gardes-pêche; la loi le défend,

mais elle ne prononce aucune peine contre ceux à qui on a délivré un permis qu'on devait leur refuser (Cassat., 28 janvier 1858);

7º Aux interdits.

Quand le droit de pêche appartient-il à l'Etat, et dans quel cas est-il aux particuliers ?

Il appartient à l'Etat : 1º dans les cours d'eau navigables ou flottables avec bateaux, trains ou radeaux, dont l'entretien est à la charge de l'Etat ou de ses ayants cause ; 2º dans les amas d'eau qui communiquent avec les fleuves, rivières navigables ou flottables et qui en sont les dépendances permanentes, et dans lesquels amas d'eau on peut, en tout temps, passer ou pénétrer librement en bateau de pêcheur et dont l'entretien est également à la charge de l'Etat.

Il appartient aux propriétaires riverains : 1º dans tous les cours d'eau non navigables ni flottables ; 2º dans les cours d'eau non accessibles en tout temps aux bateaux-pêcheurs ; 3º dans les rivières flottables à bûches perdues. Les propriétaires riverains ont, chacun de leur côté, le droit de pêche jusqu'au milieu du cours d'eau. Ils peuvent s'opposer à la pêche à la ligne flottante, même en bateau, le long de leur propriété. (Cour de Paris, 9 octobre 1867.)

De combien de tribunaux sont justiciables les infractions à la police du roulage ? Quel est le nombre et la nature des contraventions du ressort de chaque tribunal ?

Les infractions à la police du roulage relèvent des conseils de préfecture, des tribunaux correctionnels et de ceux de simple police.

Les conseils de préfecture connaissent de dix-neuf contraventions relatives aux dimensions, aux formes des voitures de roulage et de leur chargement, au nombre de bêtes attelées, aux barrières, de dégel, aux dégâts sur les routes et aux passages des ponts suspendus. (Procès-verbaux en triple expédition.)

Les tribunaux correctionnels connaissent de trente-huit contraventions relatives aux voitures de messageries publiques; aux voitures de roulage portant une plaque fausse; aux conducteurs faisant fausse déclaration, refusant d'obtempérer aux sommations de la gendarmerie ou l'outrageant. (Procès-verbaux en double expédition.)

Les tribunaux de simple police connaissent de neuf contraventions relatives aux voitures de roulage ou de marchandises stationnant sans nécessité, aux convois anti-réglementaires, à l'abandon des guides, aux défauts d'éclairage ou de plaque, aux conducteurs ne laissant pas la moitié de la chaussée libre. (Procès-verbaux en double expédition.

Les rouliers ne sont pas tenus de se ranger pour les cavaliers. (Cassat. du 19 avril 1873.)

2e LEÇON

Donner l'organisation de la gendarmerie.

Le corps de la gendarmerie se compose :

1º De 27 légions pour le service des départements et de l'Algérie se décomposant ainsi : légion de Paris, 19 légions portant un numéro correspondant à celui du corps d'armée dans la circonscription duquel elles sont comprises ; une légion *bis* dans chacun des 6e, 7e, 14e, 15e, 16e et 17e corps d'armée ; enfin, la légion de la Corse, qui porte le titre de 15e *ter* (Décr. du 24 décembre 1887) ;

2º De la gendarmerie coloniale ;

3º De la garde républicaine, chargée du service spécial de surveillance dans la capitale.

Les légions se subdivisent en compagnies, en arrondissements ou sections et en brigades à cheval ou à pied de cinq hommes, y compris le sous-officier ou brigadier chef de poste.

La gendarmerie coloniale est organisée, comme la gendarmerie départementale, en compagnies, arrondissements et brigades ou en détachements et brigades.

La garde républicaine est organisée régimentairement.

Qui est-ce qui est chargé de l'ouverture et de la fermeture des portes de la caserne, et comment ce service se fait-il ?

C'est le planton, sous la surveillance du commandant de brigade. Les portes s'ouvrent le matin et se ferment le soir aux heures prescrites par les consignes générales et particulières.

Après la fermeture de la caserne, la clef

est remise au chef de brigade et le planton est tenu de prévenir ce dernier de l'arrivée de toute ordonnance et de toute demande de service ou de secours venant de l'extérieur.

Quelle est la durée du permis de chasse et à quoi donne-t-il droit?

Il est valable pour un an, non compris le jour de la délivrance; c'est-à-dire qu'un permis signé le 1er septembre, par exemple, est encore valable le 1er septembre de l'année suivante. (Cassat., 22 mars 1856.) — Il donne le droit, dans le temps où la chasse est ouverte, à chasser de jour, à tir, à courre, à cor et à cris — sur ses terres, ou sur celles d'autrui avec le consentement du propriétaire. — Tous autres moyens de chasse, à l'exception des furets et des bourses à prendre le lapin, sont formellement prohibés.

(La nuit ne s'entend dans le cas de chasse qu'au moment où le crépuscule finit. — Art. 781 du Code de procédure. — Cour de Lyon, arrêt du 24 janvier 1851. — Cour de Douai, 9 novembre 1847.)

Quelles sont les époques d'interdiction de la pêche en vue de la reproduction du poisson?

La pêche, même à la ligne flottante tenue à la main est interdite :

1º Du 30 septembre *exclusivement* au 10 janvier *inclusivement* pour le saumon;

2º Du 20 octobre *exclusivement* au 10 janvier *inclusivement* pour la truite et l'ombre-chevalier;

3° Du 15 novembre *exclusivement* au 31 décembre *inclusivement* pour le lavaret (ne se trouve que dans le lac du Bourget);

4° Du 15 avril *exclusivement* au 15 juin *inclusivement* pour tous les autres poissons et l'écrevisse.

Le décret du 18 mai 1878 permet aux préfets d'apporter les modifications, quant aux périodes et aux espèces de poissons, commandées par des nécessités locales.

Quelle est la longueur maximum des essieux pour toutes les voitures et quelle est la forme des clous de bande ?

Elle est de 2^m,50 au maximum. Tout clou de bande doit être rivé à plat, et ne pourra, neuf, former saillie de plus de 0^m,005. Les clous à tête de diamant sont défendus.

3e LEÇON

Quelles sont les conditions d'admission dans la gendarmerie ?

Les conditions d'admission dans la gendarmerie sont :

1° D'être âgé de 25 ans au moins et 40 ans au plus (les anciens gendarmes peuvent être réadmis jusqu'à 45 ans, pourvu qu'ils puissent compléter à 60 ans le temps de service exigé pour la retraite);

2° D'avoir au moins 1^m,66 (décis. présidentielle du 21 octobre 1878);

3° D'avoir servi activement sous les drapeaux pendant trois ans au moins ;

4° De savoir lire et écrire correctement ;

5° De justifier, par des attestations légales,
d'une bonne conduite soutenue.

Cependant, les militaires des corps ayant
22 ans d'âge et un an de présence peuvent
être admis comme élèves-gardes dans la garde
républicaine ou élèves-gendarmes dans la
gendarmerie d'Afrique et dans la gendarmerie coloniale. (Décis. présidentielle du 15
avril 1879.)

*Comment est faite la répartition des parts
d'amendes ou de captures, et peut-on accepter
des sommes offertes à titre de rémunération ?*

Toute amende ou capture est payée intégra-
lement (sauf retenues réglementaires au
profit de la masse) aux signataires des procès-verbaux qui ont agi de leur propre mouvement. Si le service a été fait en vertu de
mandements de justice, de signalements de
déserteurs ou autre ordre de réquisition, de
dénonciation, les primes sont partagées entre
toute la brigade, excepté les gendarmes ab-
sents depuis plus d'un mois.

Aucune rémunération offerte par des administrations publiques ou privées, des propriétaires, ne peut être acceptée pour un service
fait, à moins d'ordre du Ministre.

Il est cependant permis de recevoir une
médaille qui ne peut se porter, mais en en
rendant compte au Ministre. (Circ. du 6 janvier 1869.)

Quels sont les modes de chasse permis et quels sont les engins de chasse prohibés?

Sont permises : les chasses à tir, à l'affût, à courre, à cor et à cris ; la chasse aux lapins à l'aide de furets et de bourses. La chasse avec traqueurs non armés et sans permis, qui n'est qu'un mode particulier de chasse à tir, est licite ; il en est de même de la chasse au miroir. La chasse à la glu, aux appeaux, appelants ou chanterelles, peut être autorisée par arrêté préfectoral pour les oiseaux de passage. La loi du 3 mai 1844 permet aussi aux propriétaires de tendre sur leurs terres des pièges pour les animaux malfaisants ou nuisibles qui sont désignés dans l'arrêté préfectoral. (Cassat. du 15 octobre 1844.)

Sont interdits : l'emploi des panneaux, filets, lacs ou lacets, collets, gluaux, trappes, pièges, pots à moineaux ; la chasse à l'oiseau de proie, faucon, épervier, vautour, et la chasse avec appeaux, appelants ou chanterelles Sont également interdites : la chasse la nuit et celle à l'aide de drogues ou appâts propres à enivrer le gibier.

Quelles sont les heures pendant lesquelles la pêche est permise?

La pêche n'est permise que du lever au coucher du soleil. Toutefois, des arrêtés préfectoraux peuvent autoriser la pêche de l'anguille, de la lamproie et de l'écrevisse avant le lever ou après le coucher du soleil. La même autorisation peut être donnée pour la pêche du saumon et de l'alose, mais seulement deux heures avant le lever et deux heures au plus après le coucher du soleil.

Quel est le maximum des bêtes de trait qu'il peut être attelé aux voitures à deux roues et à quatre roues?

Il ne peut être attelé :

1º Aux voitures de marchandises à deux roues, plus de cinq chevaux ; à celles à quatre roues, plus de huit chevaux (sans qu'il y ait plus de cinq chevaux de file) ;

2º Aux voitures à deux roues servant au transport des personnes. plus de trois chevaux ; à celles à quatre roues, plus de six chevaux.

4ᵉ LEÇON

La gendarmerie peut-elle être chargée de missions occultes et comment s'exerce son action ?

Dans aucun cas, ni directement, ni indirectement, la gendarmerie ne doit recevoir de missions occultes de nature à lui enlever son caractère véritable. Son action s'exerce toujours en tenue militaire, ouvertement et sans manœuvres, de nature à porter atteinte à la considération de l'arme.

Quelle est la forme du salut militaire ?

Le salut militaire, quel que soit le grade,

consiste à porter la main droite au côté droit de la visière ou en avant de la corne du chapeau, la paume de la main en avant, le coude légèrement levé, en regardant la personne qu'on salue.

Tout sous-officier, brigadier ou gendarme qui est de pied ferme prend pour saluer la position du cavalier à pied et se tourne du côté du supérieur; s'il est assis, il se lève pour saluer; s'il croise un supérieur, il le salue quand il en est à six pas et continue à marcher en conservant l'attitude du salut jusqu'à ce qu'il l'ait dépassé; s'il marche derrière lui et le dépasse, il le salue en arrivant à sa hauteur et conserve l'attitude du salut jusqu'à ce qu'il l'ait dépassé.

Le salut ne se renouvelle pas dans une promenade ou dans tout autre lieu public.

Les sous-officiers, brigadiers et gendarmes ne se découvrent que lorsque le supérieur les y autorise.

Tout militaire qui parle à un supérieur le salue et prend une attitude militaire. — S'il passe devant un drapeau ou étendard de régiment, il salue sans s'arrêter.

Que dit le code rural (loi du 4 août 1889) à l'égard des animaux de basse-cour et des pigeons?

Celui dont les volailles passent sur la propriété voisine et y causent des dommages est tenu de réparer ces dommages. Celui qui les a soufferts peut même tuer les volailles, mais seulement sur le lieu, au moment du dégât, et sans pouvoir se les approprier.

Les préfets, après avis des conseils généraux, déterminent chaque année, pour tout le département, ou séparément pour chaque commune, s'il y a lieu, l'époque de l'ouverture et de la clôture des colombiers. Pendant le temps de la clôture, les propriétaires et les fermiers peuvent tuer et s'approprier les pigeons qui seraient trouvés sur leurs fonds, indépendamment des dommages-intérêts et des peines de police encourues par les propriétaires des pigeons. En tout autre temps, les propriétaires et fermiers peuvent exercer, à l'occasion des pigeons trouvés sur leurs fonds, les mêmes droits qu'il a été dit pour les volailles (1).

Qu'est-il dit à l'égard du transport, de la vente, de l'achat du poisson en temps prohibé et quelle est la destination à donner aux poissons saisis?

Il est défendu, pendant l'interdiction de la pêche, de transporter ou de débiter des poissons de l'espèce prohibée, à l'exception de ceux provenant des étangs et réservoirs, dont l'origine doit être justifiée.

---

(1) Cette loi ayant un caractère absolument civil et ne visant ou ne créant aucune contravention rurale, le fait par un propriétaire de laisser vaguer ses volailles dans les champs d'autrui ne constitue aucune contravention. (Tribunal de simple police de Montereau, 14 mai 1890.)

Les poissons saisis doivent être vendus aux
enchères dans la commune la plus voisine du
lieu de la saisie, en vertu d'une ordonnance
du juge de paix ou du maire, sur requête des
agents et présentation du procès-verbal.

Dans la pratique, il est remis au bureau de
bienfaisance le plus voisin sur récépissé.

*Dans quel cas le maximum de bêtes d'atte-
lage fixé par l'article 3 de la loi du 10 août
1852 peut-il être dépassé ?*

Le maximum des bêtes d'attelage peut être
dépassé :

1° Quand il y a lieu de transporter des mas-
ses d'un poids considérable (locomotive, etc.),
mais en vertu d'une autorisation donnée par
le préfet sur avis des ingénieurs ou agents
voyers ;

2° Sur les parties de route ou chemins affec-
tés de rampes d'une déclivité exceptionnelle.
Il y a alors des poteaux avec inscription :
« Chevaux de renfort » ;

3° Temporairement, sur les routes ou chemins où il se fait des travaux de réparation
ou si des circonstances accidentelles nécessi-
tent cette mesure ; alors le préfet y fait placer des poteaux provisoires ;

4° En temps de neige et de verglas.

5e LEÇON

*Qu'est-ce qui distingue le crime du délit ou
de la contravention ; et quand y a-t-il flagrant
délit ?*

C'est la différence dans la pénalité ; ainsi, les infractions aux lois que les tribunaux punissent des peines de simple police sont des contraventions ; celles punies par des peines correctionnelles sont des délits ; celles pour lesquelles on prononce des peines afflictives ou infamantes sont des crimes.

Il y a flagrant délit : lorsque le crime se commet actuellement ; lorsqu'il vient de se commettre ; lorsque le prévenu est poursuivi par la clameur publique ; lorsque, dans un temps voisin du délit, le prévenu est trouvé nanti d'instruments, d'armes, d'effets ou de papiers faisant présumer qu'il en est auteur ou complice.

Un crime est toujours flagrant dans les vingt quatre heures de sa perpétration et même au delà de ce temps, selon les circonstances. (Carnot, p. 251.)

Parler des plantons et ordonnances de la gendarmerie.

S'ils sont armés de la carabine, les plantons passant près des officiers, devant un drapeau ou étendard de régiment, portent l'arme sans s'arrêter. S'ils sont chargés d'une dépêche, ils la remettent de la main gauche et vont attendre à six pas en arrière, dans la position du cavalier reposé sur l'arme, la réponse ou le reçu.

S'ils ne sont pas armés de la carabine, ils s'arrêtent, saluent, remettent la dépêche de la main gauche et vont attendre à six pas dans la position du cavalier à pied.

Si la dépêche est remise à un officier général ou supérieur, le planton présente l'arme, la contient de la main gauche et remet la dépêche de la main droite.

A cheval, les ordonnances saluent et remettent ensuite la dépêche de la main droite.

Dans quel cas un chasseur doit-il être désarmé ?

En principe, il est défendu de désarmer un chasseur ; mais s'il est inconnu, qu'il ne donne pas les renseignements suffisants ou refuse de se faire connaître, devant le conduire en présence de l'autorité pour constater son identité, on l'invite à désarmer son arme. Mêmes mesures à prendre s'il chasse la nuit ou s'il est masqué. Si, à la suite de sa confrontation, le maire ordonne sa conduite devant le procureur, ce maintien en état d'arrestation permet alors de le désarmer. En cas de menaces, d'injures, de provocations, ou si l'individu est en état de vagabondage, il faut le désarmer incontinent.

Parler du séjour des filets dans l'eau et de leurs dimensions réglementaires.

Le séjour dans l'eau des filets et engins est permis à toute heure, à condition de ne les placer ou relever qu'entre le lever ou le coucher du soleil.

Les mailles des filets et l'espacement des verges, bires, nasses et autres engins doivent avoir les dimensions suivantes :

1º Pour le saumon, 0ᵐ,040 au moins ;

2º Pour les grandes espèces autres que le saumon et pour l'écrevisse, 0ᵐ,027 au moins;

3º Pour les petites espèces, telles que goujons, loches, vairons, ablettes et autres, 0ᵐ010.

La mesure sera prise avec une tolérance d'un dixième.

Les filets qui ont des mailles d'une dimension se plaçant entre 10 millimètres et 27 millimètres doivent être saisis comme filets prohibés, même si le pêcheur déclare ne s'en servir que pour les petites espèces. (Cassat., 14 mars 1862.)

Quelles sont les mesures que les conducteurs de voitures doivent prendre pour traverser un pont suspendu ?

Ils doivent mettre leurs chevaux au pas. Les voituriers ou rouliers tiendront les guides ou le cordeau, les conducteurs et postillons resteront sur leurs sièges. Défense leur est faite par la loi de dételer aucun des chevaux pour le passage du pont. Toute voiture de plus de cinq chevaux ne doit pas s'engager sur le tablier d'une travée, quand il y a déjà une autre voiture ayant plus de cinq chevaux.

6ᵉ LEÇON

Citer la loi du 20 mai 1863 sur le flagrant délit, en ce qu'elle intéresse la gendarmerie.

Art. 1ᵉʳ. — Tout individu arrêté en flagrant délit pour un fait correctionnel *est immédiate-*

ment conduit devant le procureur qui l'interroge et, s'il y a lieu, le traduit sur-le-champ à l'audience du tribunal. Dans ce cas, le procureur peut mettre l'inculpé sous mandat de dépôt.

Art. 2. — S'il n'y a pas d'audience, le procureur est tenu de faire citer l'inculpé pour l'audience du lendemain. Le tribunal est au besoin spécialement convoqué.

Art. 3. — Les témoins *peuvent être verbalement requis* par tout officier de police judiciaire *ou agent de la force publique*. Ils sont tenus de comparaître sous les peines portées par l'article 154 du Code d'instruction criminelle.

Art. 4. — Si l'inculpé le demande, le tribunal lui accorde un délai de trois jours au moins pour préparer sa défense.

Art. 6. — L'inculpé, s'il est acquitté, est, nonobstant appel, immédiatement remis en liberté.

Art. 7. — *La présente loi n'est point applicable aux délits de presse, aux délits politiques, ni aux matières dont la procédure est réglée par des lois spéciales.*

La vérification des patentes peut-elle être faite par la gendarmerie ?

La gendarmerie n'est pas compétente pour constater le défaut de patente chez les marchands vendant à domicile ; mais il entre dans ses attributions de vérifier les patentes des forains et ambulants de toute sorte et de tous les marchands sous échoppe ou en étalage.

Toutefois, cette dernière disposition n'est pas applicable aux bouchers, épiciers et autres marchands ayant un étal permanent ou occupant des places fixes dans les halles et marchés.

Parmi les professions qui intéressent la gendarmerie et que l'article 17 de la loi du 15 juillet 1880 exempte de la patente, il faut citer : les artistes dramatiques ; les laboureurs et cultivateurs vendant les récoltes et fruits de leurs terres ou leur bétail ; les pêcheurs, les écrivains publics, les *ambulants* vendant fleurs, amadou, balais, statues et figures en plâtre, fruits, légumes, poissons, beurre, œufs, fromage et autres menus comestibles ; les savetiers, chiffonniers au crochet, porteurs d'eau et rémouleurs ambulants.

Tous les forains et ambulants imposables, non munis de patente, sont en état de contravention.

S'ils sont domiciliés dans la commune, procès-verbal doit être dressé contre eux et transmis aux agents des contributions directes.

S'ils ont leur domicile hors de la commune, il y a lieu de saisir ou de séquestrer les marchandises mises en vente où les instruments servant à l'exercice de leur profession, à moins qu'ils ne fournissent caution jusqu'à la présentation de la patente, ou ne produisent la preuve qu'elle leur a été délivrée.

Dans l'un et l'autre cas, l'exercice de leur profession doit leur être interdit jusqu'à ce qu'ils se soient conformés à la loi et nonobstant l'autorisation municipale qui aurait pu leur être accordée. (Circ. de l'intérieur, 2 avril 1888.)

Les commis voyageurs représentant en France des maisons de commerce *belges, danoises, hollandaises et russes*, sont imposables à la patente. Ceux des autres nationalités sont exempts de cette contribution s'ils ne voyagent qu'avec échantillons; si, au contraire, ils transportent avec eux des marchandises, ils sont considérés comme marchands-colporteurs et deviennent dès lors imposables en cette qualité. (Circ, de l'intérieur, 26 décembre 1890.)

Quand commence le service du planton, quelle est sa consigne et quel est son service dans la résidence?

Le service du planton commence à l'ouverture des portes de la caserne et cesse le lendemain à la même heure. Il est en tenue de service dès l'ouverture; il surveille les abords de la caserne, empêche les gendarmes de sortir dans une tenue irrégulière : il ne laisse pénétrer sans motif aucun étranger et conduit devant le chef de brigade les personnes qui se présentent pour affaires.

Il est employé dans la résidence à tous les services ne nécessitant qu'un seul gendarme, tels que : remise de dépêches, service de la poste ; à défaut du chef d'escorte, il visite les prisonniers mis en route le lendemain, en un mot, il fait toutes les courses dans la localité.

Il peut, concurremment avec un autre gendarme, visiter les auberges et voitures publiques. Il est chargé de l'ouverture et de la fermeture des portes de la caserne.

Que dit la loi sur la chasse relativement au transport du gibier et comment ont lieu les perquisitions qui y sont relatives ?

La loi sur la chasse dit qu'il est interdit de mettre en vente, de vendre, d'acheter, de transporter et de colporter du gibier pendant le temps où la chasse n'est pas permise.

Une tolérance de un ou deux jours est accordée pour la vente du gibier après la fermeture de la chasse. (Circ. de l'intérieur du 22 juillet 1851.)

Cette prohibition n'est pas applicable en temps de neige, mais elle s'applique au gibier tué dans une propriété close attenant à une habitation.

La vente et le transport du gibier et des conserves de gibier exotique peuvent avoir lieu en tout temps ; les boîtes ou pièces de gibier sont revêtues du plomb ou estampille de la douane. (Circ. du 25 mai 1883.) La même tolérance est admise pour les conserves indigènes. Le transport et la vente des bêtes fauves nuisibles, telles que : renard, loup, blaireau, putois, etc., sont permis en tout temps avec une autorisation spéciale (Cassat., 23 juillet 1858) et pour le sanglier sans autorisation. (Circ. du 16 juin 1881.)

La recherche du gibier ne peut être faite que dans les lieux ouverts au public ; elle est illégale dans une maison particulière.

Le gibier ne doit pas être saisi sur une personne, même en temps prohibé (Cour d'appel de Paris, 14 février 1876), mais il peut être recherché dans une voiture, dans un panier ou dans un colis déposé au chemin de fer et sur un cheval.

Quelles sont les dimensions minima des différentes espèces de poissons ?

1º Le saumon et l'anguille doivent avoir au moins 40 centimètres de longueur. (En ce qui concerne les saumons, la prescription s'applique indistinctement à tous les sujets de l'espèce, quels que soient les différents noms dont on les désigne suivant les localités : tacons, tocans. glizicks, glezys, gnimoisons, cadets, orgeuls, castillons, reneys, etc , etc.)

2º La truite, l'ombre-chevalier, l'ombre commun, la carpe, le brochet, le barbeau, la brème, le meunier, le muge, l'alose, la perche, le gardon, la tanche, la lotte, la lamproie et le lavaret doivent avoir 14 centimètres ;

3º Les soles, plies et flets, 10 centimètres ;
Cette longueur se mesure de l'œil à la naissance de la queue ;

4º L'écrevisse à pattes rouges, 8 centimètres ;

5º L'écrevisse à pattes blanches, 6 centimètres.
Cette longueur se mesure de l'œil à l'extrémité de la queue déployée.

La vente, l'achat. le transport et le colportage des huîtres, ayant plus de 5 centimètres de diamètre sont autorisés en tout temps.

La vente, l'achat, le transport et le colportage des huîtres de moins de 5 centimètres de diamètre sont également autorisés en tout temps, *mais uniquement dans l'intérêt de l'élevage et du peuplement des établissements ostréicoles.* Les huîtres d'une dimension inférieure à 5 centimètres ne pourront, en aucun cas, être exposées sur les marchés ou livrées à la consommation.

Cette autorisation ne s'applique pas aux huîtres de moins de 5 centimètres du bassin d'Arcachon, dont l'exportation continue à être interdite en tout temps. (Décr. des 30 mai 1889 et 13 août 1890.)

La vente, l'achat, le transport et le colportage des moules provenant, soit des gisements naturels régulièrement ouverts à la pêche, soit des établissements d'élevage, sont autorisés toute l'année, sans acception des dimensions. (Décr. du 26 décembre 1890.)

Quelle est la largeur maximum du chargement des voitures et la largeur maximum des colliers ?

La largeur maximum du chargement des voitures est de 2m,50 ; cependant, les préfets peuvent autoriser la circulation d'objets d'un plus grand volume. Dans cette prescription, ne sont pas comprises les voitures d'agriculture pour lesquelles il n'existe aucune règlementation lorsqu'elles sont employées au transport des récoltes de la ferme aux champs et des champs à la ferme ou au marché.

La largeur maximum des colliers ne peut

dépasser 0ᵐ,90 mesurée entre les points les plus saillants des pattes des attelles.

7ᵉ LEÇON

Comment se divise le service de la gendarmerie ? Le définir.

Il se divise en services ordinaire et extraordinaire. On appelle service ordinaire celui qui s'opère journellement ou périodiquement sans aucune réquisition ; service extraordinaire, celui dont l'exécution n'a lieu qu'en vertu d'ordres ou de réquisitions.

Comment sont répartis les logements des gendarmes ?

Chaque logement est fixé invariablement et réparti aussi également que possible en assignant aux meilleurs logements les annexes les moins avantageuses, telles que : bûchers, greniers, caves, caveaux et jardins.

Toutefois, les jardins ne sont pas affectés d'une manière invariable à tel ou tel logement et les gendarmes qui changent de logement ne sont pas tenus de changer en même temps de jardin, afin de ne pas perdre le fruit de leurs soins et de leurs travaux.

Les sous-officiers et brigadiers prennent invariablement ceux affectés à leur grade.

Les gendarmes choisissent à leur rang d'ancienneté dans l'arme pour l'occupation d'une nouvelle caserne ; mais dans une caserne déjà occupée, les logements vacants sont choisis par rang d'ancienneté *dans la résidence*.

Toutefois, dans l'un et l'autre cas, l'assiette du casernement doit, en principe, être établie de manière à concilier l'intérêt des hommes et le bien du service et à tenir compte des besoins exceptionnels de famille.

Nul ne peut être dépossédé de son logement sans son consentement, ni personne ne peut en changer de gré à gré sans l'assentiment du commandant d'arrondissement.

Que devient le gibier saisi et comment s'opère la saisie des engins de chasse?

Le gibier saisi est immédiatement remis à l'établissement de bienfaisance le plus voisin sur ordonnance du juge de paix, ou, en son absence, sur celle du maire dans un chef-lieu de canton ; et, sur ordonnance des maires, dans les autres communes. Cette ordonnance ou autorisation sera délivrée à la requête des agents et sur leur présentation du procès-verbal dressé. Ils doivent retirer de cette remise un récépissé qu'ils joignent au procès-verbal.

La saisie des engins prohibés a lieu partout, même dans le domicile.

Les visites domiciliaires, pour détention d'engins prohibés, ne peuvent être faites qu'en vertu d'une commission du juge d'instruction. Cependant, en cas de flagrant délit, c'est-à-dire si les agents ont trouvé un individu porteur d'engins prohibés hors de son domicile, qn'ils l'aient poursuivi et qu'ils n'aient pu l'atteindre avant qu'il y soit entré, ils pourront y pénétrer assistés du maire ou de l'adjoint. Mais, seuls, ils ne peuvent y pénétrer sans la permission du délinquant. (Cour de Limoges, 30 avril 1857.)

La saisie d'engins prohibés sur un chasseur ne peut avoir lieu, lorsque ces objets ne sont pas portés d'une manière apparente. (Cour de Rouen, 17 avril 1859.)

Quels sont les modes de pêche interdits et quels sont ceux permis ?

Il est interdit : 1º de placer des barrages empêchant entièrement le passage du poisson ; 2º de se servir de drogues ou appâts de nature à l'enivrer ou à le détruire : 3º de pêcher à la ligne flottante, en temps, saisons et heures prohibés ; 4º de pêcher avec des filets traînants, sauf le petit épervier ; 5º de pêcher avec des filets, bires, nasses, verges aux dimensions non réglementaires ; 6º de pêcher avec des bouteilles ou carafes en verre et avec des paniers; 7º d'appâter les hameçons avec des poissons d'une espèce prohibée ; 8º d'employer des lacets ou collets ; 9º de se servir d'armes à feu, de poudre de mine ou de toute autre substance explosible; 10º de pêcher à la main, de troubler l'eau et de fouiller au moyen de perches sous les racines ou autres retraites du poisson ; 11º d'accoler aux écluses, barrages, chutes naturelles, pertuis, vannages, coursiers d'usines, passages ou échelles à poissons, des nasses, paniers et

filets à demeure ; 12º de pêcher avec tout autre engin que la ligne flottante tenue à la
main, dans l'intérieur des écluses, barrages
et autres lieux cités plus haut, § 11, ainsi
qu'à une distance moindre de 30 mètres en
amont et en aval de ces ouvrages ; 13º de
pêcher dans les parties des rivières, canaux,
cours d'eau dont le niveau serait accidentelle-
ment abaissé, soit pour curage ou travaux
quelconques, soit par chômage des usines ou
de la navigation.

Sont permis : tous les instruments et procédés de pêche que les lois et règlements
n'ont pas spécialement défendus. (Cassat.,
8 août 1867.)

*Quelles sont les indications que doit contenir
la plaque métallique, où se place-t-elle et quelles
sont les voitures dispensées d'en porter?*

La plaque métallique doit porter en carac-
tères apparents et lisibles, ayant au moins
5 millimètres de hauteur, les nom, prénoms,
profession, commune, canton et département
du domicile du propriétaire ; elle doit être
placée en avant des roues, du côté gauche de
la voiture.

Sont dispensées de porter cette plaque :
1º les voitures particulières destinées au
transport des personnes, mais étrangères à
un service public des messageries ; 2º les
malles-postes et autres voitures de l'administration des postes ; 3º les voitures dépendant
des départements de la guerre et de la marine ; 4º les voitures employées à la culture

des terres, servant au transport des récoltes,
à l'exploitation des fermes, se rendant seulement de la ferme aux champs ou des champs
à la ferme, ou du lieu des récoltes à celui
choisi pour les conserver et les manipuler.
Donc, les voitures employées à la culture des
terres qui vont au marché doivent avoir une
plaque. (Cassat., 22 juillet 1853.)

8e LEÇON

*Quelles sont les fonctions habituelles et ordi-
naires de la gendarmerie et comment visite-t-
elle les communes?*

Les fonctions habituelles et ordinaires des
brigades sont de faire des tournées, courses
ou patrouilles sur les routes, dans les communes, hameaux, fermes, bois, etc. Chaque
commune est visitée au moins deux fois par
mois et explorée dans tous les sens, indépendamment des jours où elle est traversée au
retour des correspondances.

*Que deviennent les effets et armes des gen-
darmes entrant en position d'absence ?*

Les armes et munitions sont remises au
chef de brigade qui est chargé de les faire
entretenir ; il en est de même pour les effets
d'habillement, d'équipement et de harnachement des gendarmes veufs ou célibataires,
dont la remise doit être faite sur inventaire.

Quelle est l'interdiction faite par la loi sur la chasse à l'égard des œufs et couvées ?

Il est interdit de prendre ou détruire sur le terrain d'autrui des œufs et couvées de faisans, de perdrix et de cailles.

Il est défendu de prendre ou détruire des œufs et couvées, dit la loi; mais elle ne défend pas d'en vendre ni d'en colporter.

Les préfets peuvent étendre cette interdiction aux œufs et couvées d'autres animaux que les faisans, perdrix et cailles.

Qu'appelle-t-on filets traînants et filets fixes?

Est réputé filet traînant, tout filet coulé à fond au moyen de poids et promené sous l'action d'une force quelconque.

On appelle filets fixes ceux qui doivent être placés à demeure.

Combien un seul conducteur peut-il mener de voitures?

Un même conducteur peut conduire :

1° Quatre voitures à quatre roues attelées d'un seul cheval ;

2° Trois voitures à deux roues attelées d'un seul cheval ;

Deux voitures, dont la première attelée de quatre chevaux au plus, et la seconde un seul cheval attaché derrière la première (chaque voiture attelée de plus d'un cheval doit avoir un conducteur).

Citer la loi du 14 août 1885 relative à la surveillance des étalons.

Tout étalon qui n'est ni approuvé, ni autorisé par l'administration des haras ne peut être employé à la monte des juments appartenant à d'autres qu'à son propriétaire, sans être muni d'un certificat constatant qu'il n'est atteint ni de cornage, ni de fluxion périodique. Ce certificat, valable pour un an, sera délivré gratuitement après examen de l'étalon par une commission nommée par le Ministre de l'agriculture.

Tout étalon employé à la monte, qu'il soit approuvé, autorisé ou muni du certificat, sera marqué au feu sous la crinière. En cas de retrait de l'approbation, de l'autorisation ou du certificat, la lettre R sera inscrite de la même manière, au-dessus de la marque primitive.

9ᵉ LEÇON

De quoi s'informe la gendarmerie dans ses tournées ?

Elle s'informe avec discrétion, auprès des voyageurs, s'il n'a pas été commis de crime ou délit sur la route qu'ils ont parcourue ; elle prend les mêmes renseignements auprès des maires des communes. Elle tâche de connaître les nom, signalement, demeure ou lieu de retraite des auteurs des crimes ou délits ; elle reçoit les déclarations faites volontairement par les témoins et les engage à les signer, sans pouvoir les y contraindre. Elle se met à la poursuite des malfaiteurs pour les joindre et les arrêter s'il y a lieu.

Quelles sont les primes dues pour l'arrestation d'un déserteur ou insoumis, d'un militaire absent illégalement de son corps et pour la capture d'un prisonnier de guerre fugitif?

La prime due pour un déserteur ou insoumis de l'armée de terre ou de la marine est de 25 fr.; celle due pour un militaire en absence illégale depuis plus de quarante-huit heures, si l'arrestation a lieu dans les limites de la garnison, est de 5 fr.; si l'arrestation a lieu en dehors de ses limites, 6 fr. Toutefois, il est indispensable, pour avoir droit à la prime, que le procès-verbal relate que l'arrestation a été faite à la suite de recherches *spéciales*.

La gratification due pour l'arrestation d'un officier prisonnier de guerre violateur de sa parole est de 50 fr. Pour un sous-officier ou soldat fugitif, elle est de 25 fr. (Art. 34 du règlement du 6 mai 1859 sur les prisonniers de guerre.)

Comment se prescrivent les délits de chasse?

Ils se prescrivent par trois mois à compter du jour du délit. Le jour où a été commis le délit n'est pas compris dans le delai de trois mois.

Quel est le temps de séjour dans l'eau des filets fixes?

Les filets fixes doivent être soulevés chaque semaine pendant trente-six heures, du samedi à 6 heures du soir au lundi à 6 heures du matin, sur une longueur équivalente au 1/10 de leur développement, de manière à laisser entre le fond et la ralingue inférieure un espace libre de $0^m.50$ au moins de hauteur.

Le séjour dans l'eau des filets et engins réglementaires est permis à toute heure, à condition de n'être placés et relevés que depuis le lever jusqu'au coucher du soleil.

Combien faut-il de voitures pour former un convoi et quelle est la distance minimum entre chaque convoi ?

1° Quatre voitures au plus, à quatre roues, attelées d'un seul cheval.

2° Trois voitures au plus, à deux roues, attelées d'un seul cheval.

3° Deux voitures au plus, si l'une d'elles est attelée de plus d'un cheval, forment un convoi.

L'intervalle entre chaque convoi ne peut être moindre de 50 mètres.

Il n'est pas nécessaire que les voitures formant convoi appartiennent au même propriétaire (Cassat., 21 juillet 1854 et 1er juillet 1864.)

Citer la loi du 19 mars 1889, relative aux annonces sur la voie publique.

Les journaux et tous les écrits ou imprimés distribués ou vendus dans les rues et lieux publics ne pourront être annoncés que par leur titre, leur prix, l'indication de leur opinion et les noms des auteurs ou rédacteurs.

Aucun titre obscène ou contenant des imputations, diffamations ou expressions injurieuses pour une ou plusieurs personnes ne pourra être annoncé sur la voie publique.

10e LEÇON

Que fait la gendarmerie en cas d'incendie ou d'inondation ?

Elle se rend sur les lieux au premier avis et prévient le commandant d'arrondissement. En l'absence des autorités, elle ordonne et fait exécuter les mesures d'urgence, elle essaie de sauver les individus en danger et requiert les habitants qui sont tenus d'obtempérer à sa réquisition. (Art. 475, § 12, du Code pénal (1). Elle combat le sinistre, empêche le pillage des meubles et effets ; elle ne laisse circuler dans l'intérieur des bâtiments que les ouvriers servant ; elle protège l'éva-

---

(1) Pour qu'il y ait contravention à l'article 475, § 12, du Code pénal, il faut quatre conditions :

1o Réquisition régulière de l'autorité compétente ;

2o Cas urgent ;

3o Possibilité de prêter le secours ou le service requis ;

4o Refus de le prêter.

Sinon pas de contravention. (Ainsi jugé par le tribunal de Meaux le 6 septembre 1888. — Affaire Canelle.)

cuation des meubles et effets dans les dépôts
choisis par les intéressés. Elle s'informe ensuite des causes du sinistre et dresse procès-
verbal. — S'il y a eu malveillance, elle fait
venir sur-le-champ les individus inculpés, les
interroge et, si leurs réponses donnent à
croire qu'ils ont participé au crime, elle s'assure de leur personne et attend l'arrivée de
l'officier de police judiciaire ou du commandant d'arrondissement auquel elle rend compte
de tous les renseignements recueillis. Dans le
cas d'absence du juge de paix et du commandant de l'arrondissement, les prévenus sont
conduits devant le procureur de la République.

*Quelles sont les primes dues pour les arresta-
tions en vertu des mandements de justice dans
les villes de moins de 40,000 âmes?*

Ces primes sont, pour les arrestations ci-
après :

1º En vertu d'un jugement de simple police
ou de tout arrêt n'emportant pas une peine de
plus de cinq jours d'emprisonnement : 3 fr.;

2º En exécution d'un mandat d'arrêt ou d'un
jugement correctionnel emportant une peine
de six jours d'emprisonnement au moins : 12 f.;

3º En exécution d'un jugement ou d'un arrêt
portant la peine de la réclusion : 15 fr.;

4º Pour l'exécution d'un arrêt de condamnation aux travaux forcés ou à une peine plus
forte : 20 fr.

Les arrestations opérées en vertu de la
feuille de signalements du Ministre de l'inté-

rieur ne donnent pas droit à la prime d'arrestation. (Déc. du 18 juin 1811.)

Quelles sont les conditions pour employer les filets fixes ou mobiles simultanément, et quelles sont leurs dimensions ?

Ils ne peuvent excéder en longueur ni en largeur les 2/3 de la largeur mouillée du cours d'eau dans les emplacements où on les emploie. Plusieurs filets ne peuvent être simultanément employés sur la même rive ou sur deux rives opposées qu'à une distance au moins triple de leur développement. Lorsque un ou plusieurs des engins employés sont en partie fixes et en partie mobiles, les distances entre les parties fixées à demeure sur la même rive ou sur les rives opposées, doivent être au moins triples du développement total des parties fixes et mobiles mesurées bout à bout.

Comment sont éclairées les voitures servant au transport des marchandises et celles affectées à un service public ?

Les voitures de marchandises sont éclairées par un falot ou une lanterne ; les voitures publiques, par une lanterne à réflecteur, placée à droite et à l'avant de la voiture. Cette prescription ne vise que les grandes routes et les chemins de grande communication. Pour les autres voies, il n'y a contravention que s'il existe un arrêté préfectoral ; de même ne sont pas comprises dans la mesure les voitures servant à l'agriculture et les voitures particulières; il faut un arrêté pour qu'il y ait contravention.

Des propriétaires différents peuvent se former en convoi; dans ce cas, la voiture de tête seule a besoin d'être éclairée. (Cassat., 21 juillet 1854 et 1er juillet 1864.)

Le clair de lune allégué par le propriétaire pour se dispenser d'éclairer n'est pas admissible. (Cassat., 4 février 1860.)

La violence du vent peut constituer un cas de force majeure et dispenser de l'éclairage, mais non de la lanterne. (Cassat., 2 mars 1855 et 10 janvier 1879.)

11e LEÇON

Que fait la gendarmerie lors de la découverte d'un cadavre?

La gendarmerie constate par procès-verbal la découverte de tout cadavre trouvé sur les chemins, dans les campagnes ou retiré de l'eau; elle en prévient les autorités compétentes et le commandant d'arrondissement.

Elle indique avec soin, dans le procès-verbal, l'état et la position du cadavre au moment de son arrivée, les vêtements dont il est couvert, la situation et l'état des armes ensanglantées ou d'autres instruments faisant présumer qu'ils ont servi à commettre le crime, les objets ou papiers trouvés près du cadavre ou dans un lieu voisin; elle empêche que qui que ce soit y touche jusqu'à l'arrivée de la justice ou de l'officier de gendarmerie; elle interroge les personnes qui sont en état de lui fournir des preuves, renseignements ou indices sur les auteurs ou complices du crime, afin qu'ils puissent être poursuivis.

Que dit la loi sur la chasse relativement aux animaux nuisibles ou malfaisants ?

Le 2e § de l'article 9 de la loi du 3 mai 1844 fait un devoir aux préfets des départements de prendre, sur l'avis des conseils généraux, des arrêtés déterminant les espèces d'animaux malfaisants ou nuisibles que le propriétaire, possesseur ou fermier pourra détruire en tout temps sur ses terres ou les terres d'autrui, avec le consentement du propriétaire et les conditions d'exercice de ce droit, sans préjudice du droit appartenant au propriétaire ou au fermier de repousser ou de détruire, même avec des armes à feu, les bêtes fauves qui porteraient dommage à ses propriétés.

Il n'est donc pas nécessaire d'être muni d'un permis de chasse pour détruire les animaux malfaisants et repousser les bêtes fauves, mais à condition que ces animaux soient compris dans la liste publiée par l'arrêté préfectoral et que le chasseur se conforme aux conditions déterminées dans l'arrêté.

Le lapin est, en général, considéré comme animal nuisible on malfaisant ; mais, cependant, il est nécessaire qu'il soit classé dans cette catégorie par l'arrêté préfectoral pour qu'on ait droit de le chasser sans permis.

Comment peut s'opérer la saisie d'engins de pêche prohibés et celle du poisson pêché en délit ?

La loi sur la pêche est moins rigoureuse que celle sur la chasse, car cette dernière punit la détention ou la possession d'engins de chasse prohibés dans le domicile, tandis que la loi sur la pêche ne punit que les individus trouvés munis ou porteurs d'engins prohibés *hors de leur domicile*. La saisie des engins de pêche ne doit avoir lieu que s'il s'agit d'engins prohibés ; si, au contraire, il s'agit d'un délit de pêche commis avec des engins réglementaires, la saisie peut ne pas être faite, puisque la confiscation n'est pas toujours prononcée par le juge.

La recherche du poisson pourra être faite, en temps prohibé, à domicile chez les aubergistes, chez les marchands de denrées comestibles et dans les lieux ouverts au public, mais jamais au domicile des particuliers sans réquisitoire du ministère public on ordonnance du juge d'instruction. On peut cependant rechercher le poisson dans les voitures, paniers et bourriches des particuliers, mais jamais sur leur personne.

Le poisson pêché en délit doit toujours être saisi ; cependant, si les agents jugent convenable de s'en abstenir, par suite de la résistance des délinquants, il convient de le mentionner sur le procès-verbal et d'en évaluer approximativement la quantité.

*Quelles sont les indications que doit porter
extérieurement, puis intérieurement, toute voiture affectée à un service public ?*

Indépendamment de l'estampille délivrée
par l'administration des contributions· indirectes, toute voiture affectée à un service public doit porter extérieurement : le nom, le
domicile de l'entrepreneur et l'indication du
nombre des places de chaque compartiment.

Intérieurement : le numéro de chaque place
et le prix de la place du lieu de départ à celui
d'arrivée.

Le propriétaire ne peut admettre dans les
compartiments de ses voitures un plus grand
nombre de voyageurs que celui indiqué sur les
panneaux.

12e LEÇON

*Quelle est la surveillance de la gendarmerie
à l'égard des repris de justice, et comment vé-
rifie-t-elle les passeports ?*

Dans ses tournées, correspondances, patrouilles et service habituel à la résidence,
elle exerce une surveillance active et persé-
vérante sur les repris de justice et condamnés libérés; elle rend compte immédiatement
de leur apparition dans un des lieux de rési·
dence qui leur sont interdits. Elle ne peut
pénétrer dans la chambre d'un voyageur,
mais elle doit attendre, pour examiner son

passeport, qu'il soit dans un lieu ouvert au public.

Quelle est la prime allouée pour la capture d'un contrebandier et quelle est la part du gendarme dans les saisies en matière de douane et de contributions indirectes ?

La prime due pour capture d'un contrebandier ou de colporteur de tabac ou de poudre est de 15 francs, mais à condition que l'individu arrêté aura été constitué prisonnier ou relâché sous caution.

La gendarmerie opérant seule une saisie a droit à la moitié du produit net des amendes et confiscations prononcées en matière de douane et de contributions indirectes ; si elle opère par dénonciation ou avec les employés, elle a droit à une part de préposé, et le commandant du détachement à une part et demie.

Comment est réglementée la chasse aux oiseaux de passage et au gibier d'eau ?

Les préfets, après avis des conseils généraux, prennent des arrêtés fixant :

1o L'époque de la chasse aux oiseaux de passage autres que la caille, qui est réputée gibier indigène ;

2o Les modes et procédés de cette chasse ; ils peuvent permettre les instruments dont l'usage est prohibé pour le gibier ordinaire ;

3o Le temps de chasse du gibier d'eau, sur les cours d'eau spécifiés dans leurs arrêtés.

Comment se prescrivent les contraventions en matière de pêche ?

Ces contraventions se prescrivent par le délai d'un mois à partir de la constatation si le contrevenant est connu, et de trois mois, s'il est inconnu.

Que doit mentionner le registre des entrepreneurs des voitures publiques et quelles sont les obligations imposées à leurs relayeurs ou à leurs préposés ?

L'entrepreneur inscrit, sur un registre coté et paraphé par le maire, le nom du voyageur et les ballots ou paquets qui lui sont confiés.

Une copie de cet enregistrement doit être remise au conducteur pour servir de feuille de route, et il est remis à chaque voyageur un extrait en ce qui le concerne avec le numéro de sa place.

Les relayeurs ou leurs préposés doivent être présents à l'arrivée et au départ de chaque voiture et devront s'assurer, sous leur responsabilité, que les postillons ne sont pas ivres. Ainsi que les entrepreneurs, ils doivent tenir, à la disposition des voyageurs, un registre coté et paraphé par le maire pour l'inscription des plaintes.

Quelle est la surveillance à exercer par la gendarmerie à l'égard des animaux domestiques ?

La loi du 2 juillet 1850 (loi Gramont) interdit tout traitement mauvais et abusif exercé *publiquement* envers les animaux domestiques. La gendarmerie doit dresser procèsverbal contre ceux qui commettent une contravention de ce genre et le transmettre au maire ou au commissaire de police chargé de la poursuite, en ayant soin de relater s'il y a récidive.

Les bestiaux, les chiens, chevaux, ânes, mulets, etc., sont des animaux domestiques; mais les abeilles n'en sont pas. (Cour de Toulouse, 3 et 30 mars 1876.)

Le fait de tasser des veaux dans une charrette, de les lier par les pattes et de les suspendre la tête en bas constitue une contravention. (Cassat., 13 août 1858.)

13e LEÇON

La gendarmerie peut-elle pénétrer dans la maison d'un citoyen ?

Non, sauf dans les deux cas suivants :

1º Pendant le jour, pour un motif formellement exprimé par une loi ; ou bien, en vertu de mandat spécial de perquisition décerné par l'autorité compétente ;

2º Pendant la nuit, en cas d'incendie, d'inondation ou de réclamations venant de l'intérieur de la maison.

Le temps de nuit est ainsi réglé : du 1er octobre au 31 mars, de 6 heures du soir jusqu'à

6 heures du matin ; du 1er avril au 30 septembre, de 9 heures du soir à 4 heures du matin.

Dans toute visite domiciliaire, la gendarmerie doit se faire assister de l'autorité civile, ou avoir le consentement du propriétaire.

En cas de refus, de résistance ou d'absence, elle doit faire ouvrir les portes par un serrurier et employer la force. (Cassat. du 30 septembre 1833.)

Si la maison où s'est réfugié le prévenu est ouverte à la demande de la gendarmerie, celle-ci peut opérer l'arrestation même pendant la nuit. (Cassat., 8 mars 1851.)

Les auberges, cabarets et lieux publics sont soumis à la visite judiciaire de la gendarmerie, même la nuit, jusqu'à l'heure où ils doivent être fermés réglementairement. (Art. 129 de la loi du 28 germinal an VI et Cassat. des 12 et 19 novembre 1829.)

Quelles sont les primes dues en matière de chasse ou de pêche, ou en toute autre matière donnant lieu à gratification ?

La prime est de 10 francs par *condamnation prononcée* en matière de chasse ou de pêche ; elle est de 1 fr. 25 par *condamnation recouvrée* en toute autre matière : roulage, grande voirie, affichage, timbres de quittance, transport frauduleux de lettres, etc.

En cas de transaction ou de remise sur amendes encourues ou prononcées, la gratification due à l'agent verbalisateur est toujours réservée. (Art. 11 de la loi de finances du 26 décembre 1890.)

Les chiens levriers peuvent-ils être employés à la chasse ?

Non ; cependant, par arrêté préfectoral, ils peuvent être employés à la destruction des animaux nuisibles ou malfaisants.

Qu'est-ce que le mandat de comparution et comment est-il mis à exécution ?

C'est une simple assignation par laquelle le juge invite l'inculpé à venir lui donner des explications sur les imputations qui planent sur lui ; ce mandat n'implique aucune contrainte. Le refus d'y obtempérer n'entraîne que l'emploi du mandat d'amener.

Pour l'exécuter, on doit se présenter au domicile du citoyen qui en est l'objet ; si on le trouve, lui exhiber le mandat en original, lui en donner lecture et lui en délivrer copie. S'il est absent, il faut le notifier de la même manière à un parent, serviteur, voisin ou, à défaut, au maire qui visera l'original. Si l'inculpé n'est pas disposé à y obéir, le gendarme ne s'en occupe pas : il se borne à en prévenir le procureur.

Quelles sont les conditions exigées pour être postillon ou cocher de voiture publique ?

Il faut être âgé de 16 ans au moins, être porteur d'un livret délivré par le maire de son domicile, attestant ses bonne vie et mœurs et son aptitude pour le métier.

14º LEÇON

Dans quels cas la gendarmerie peut-elle faire usage de ses armes ?

En l'absence de l'autorité judiciaire ou administrative, les sous-officiers, brigadiers et gendarmes ne peuvent déployer la force des armes que : si des violences ou des voies de fait sont exercées contre eux ; s'ils ne peuvent défendre autrement le terrain qu'ils occupent, les postes ou les personnes qui leur sont confiés, ou enfin, si la résistance est telle, qu'elle ne puisse être vaincue autrement que par la force des armes.

(Une circulaire du Ministre de la guerre, en date du 30 novembre 1853, autorise les gendarmes à faire usage des armes contre les braconniers qui les mettent en joue.)

Quelle est la prime due pour l'arrestation d'un fraudeur en matière d'allumettes ?

Elle est de 10 francs par individu arrêté, constitué prisonnier ou amené à transiger ou à fournir caution.

En outre, comme dans toutes saisies et confiscations en matière de douane ou de contributions, la gendarmerie opérant seule aurait droit à la moitié du produit net des amendes et confiscations.

Les prix d'estimation des allumettes saisies à payer aux agents verbalisants sont fixés comme ci-après, mais sous la déduction de la part d'un tiers réservée aux indicateurs :

Allumettes en bois : 10 centimes les mille allumettes ;

Allumettes en cire : 30 centimes les mille allumettes.

(Lettre du directeur général des contributions indirectes du 18 février 1890.)

Qu'est-ce qu'un mandat d'amener et comment est-il mis à exécution ?

C'est un ordre formel de comparaître devant le juge mandant ; si l'inculpé refuse d'obéir à la signification qui lui est faite, ou si, après avoir déclaré qu'il est prêt à obéir, il tente de s'évader, il doit y être contraint.

Pour l'exécuter, il faut exhiber à l'inculpé le mandat en original, lui en délivrer copie et lui demander s'il entend y obéir.

L'acte de notification étant dressé, le conduire, même en employant la force, devant le juge mandant.

Si le prévenu n'est pas trouvé, on doit, avant de le rechercher, notifier le mandat au maire, à l'adjoint ou au commissaire de sa résidence, qui met son visa au bas de l'original de l'acte de notification.

Si le prévenu est trouvé hors de l'arrondissement du juge mandant, il faut le conduire devant le juge de paix ou son suppléant, à défaut devant le maire ou commissaire du lieu, lequel vise l'original sans pouvoir en empêcher l'exécution.

Si le prévenu est trouvé hors de l'arrondissement du juge mandant, et à plus de 50 kilomètres du domicile de ce magistrat, et le mandat ayant plus de deux jours de date, il y a lieu de le conduire devant le procureur de l'arrondissement, lequel le placera sous mandat de dépôt.

Si le prévenu est trouvé muni d'effets, papiers ou instruments qui feraient présumer qu'il est auteur ou complice du crime qu'on lui impute, il faut le conduire devant le juge mandant, quelle que soit la distance.

La gendarmerie n'a pas besoin d'être porteur de l'original du mandat pour le mettre à exécution. Elle peut arrêter sur la seule indication du mandat dans la feuille signalétique de l'intérieur, sur copie du mandat ou sur ordre transmis par télégraphe.

Quelles sont les mesures à prendre à l'égard d'un contrevenant à la police du roulage qui n'est pas domicilié en France?

La gendarmerie conduit le contrevenant inconnu devant le maire de la commune où la contravention a été commise, ou de celle la plus proche sur la route que suit le contrevenant. Le maire arbitre provisoirement le montant de l'amende, il en ordonne la consignation immédiate entre les mains du percepteur de la commune, à moins qu'il ne lui soit présenté une caution solvable. A défaut, la voiture est retenue jusqu'à ce qu'il ait été statué sur le procès-verbal. Les frais de fourrière sont à la charge du propriétaire.

On devra engager le contrevenant à élire

domicile dans le département du lieu où la contravention a été constatée. A défaut d'élection de domicile, toute notification sera valablement faite au secrétariat de la commune dont le maire aura arbitré l'amende.

15e LEÇON

Quelle est la surveillance exercée par la gendarmerie envers les mendiants, vagabonds et gens sans aveu ?

La gendarmerie surveille ceux qui parcourent les communes et les campagnes, elle arrête ceux inconnus de l'autorité locale ou qui n'ont aucun papier constatant leur identité.

Elle arrête tous les mendiants valides et même les invalides :

Quand ces derniers mendient avec menaces, ou en s'introduisant dans les habitations sans la permission des personnes de la maison ;

Quand ils mendient avec des plaies ou infirmités feintes ;

Quand ils mendient en réunion, à moins que ce ne soient le mari et la femme, le père ou la mère et leurs jeunes enfants, l'aveugle et son conducteur.

Elle arrête aussi :

1º Les mendiants ou vagabonds (1) travestis d'une manière quelconque ;

2º Ceux munis d'armes, de limes, crochets ou autres instruments propres à commettre des vols ou à leur permettre de s'introduire dans les maisons ;

3º Ceux porteurs d'un ou plusieurs effets d'une valeur supérieure à cent francs, et qui re justifient point de leur provenance ;

4º Enfin, ceux porteurs de faux certificats, de faux passeports ou de fausses feuilles de route.

Qu'entend-on par acquit-à-caution, passavant, congé, laissez-passer et passe-debout ?

L'acquit-à-caution est une pièce justificative délivrée par la régie, pour transporter les boissons de chez un marchand en gros ou en détail.

Le passavant est une pièce justificative de la régie, autorisant le transport de boissons appartenant à un propriétaire, dans un de ses propres locaux.

Le congé est une pièce justificative de la régie, constatant l'acquittement du droit de circulation.

Le laissez-passer est un imprimé fourni en blanc par la régie, mais rempli par l'expédi-

---

(1) D'après la jurisprudence constante, trois conditions sont nécessaires pour constituer l'état de vagabondage : 1º être sans domicile connu ; 2º sans profession habituelle ; 3º sans moyens d'existence.

teur d'une résidence où il n'existe pas de bureau de régie, qui n'est valable que jusqu'au prochain bureau de passage.

Le passe-debout est une autorisation de séjour prise à l'octroi de la ville en consignant les droits, pour une boisson qui doit en sortir.

Qu'est-ce que le mandat d'arrêt, et comment est-il mis à exécution?

C'est un ordre délivré *seulement* par le ju:e d'instruction, après conclusions du procureur, d'arrêter un citoyen et de perquisitionner dans son domicile pour le rechercher.

Pour l'exécuter, le prévenu étant trouvé, il faut lui exhiber le mandat, lui en donner lecture et copie, le conduire à la maison d'arrêt indiquée où le gardien le reçoit, en donne décharge aux gendarmes qui signent l'acte d'écrou. Si le prévenu est trouvé hors de l'arrondissement du juge mandant, il y a lieu de remplir les mêmes formalités que pour le mandat d'amener, à moins que le mandat ne prescrive de transférer le prévenu dans la maison d'arrêt du lieu où réside le juge mandant. (Art. 104 du Code d'instruction criminelle.)

Si le prévenu ne peut être trouvé, il faut notifier le mandat à sa dernière habitation et, accompagné de deux voisins, ou du maire en cas de refus, il faut y pénétrer et y perquisitionner minutieusement. On rédige ensuite procès-verbal de la perquisition. Ce procès-verbal est signé par les témoins ; s'ils refusent de signer ou ne le savent faire, il en est fait mention. L'original sera ensuite visé par le juge de paix ou ses suppléants, ou, à défaut, par le maire ou commissaire de police. Une copie leur en sera toujours délivrée.

Si le prévenu est inconnu, ou s'il n'a plus de domicile, ou s'il ne s'y trouve personne, le mandat est notifié, dans la forme ordinaire, au maire qui signe le procès-verbal dont on lui donne copie ainsi que du mandat dont il vise l'original.

Le mandat et le procès-verbal seront adressés au procureur.

Quel est le délai maximum pour l'enregistrement des procès-verbaux en matière de roulage?

Les procès-verbaux en matière de roulage doivent être enregistrés dans les trois jours de leur date, à peine de nullité.

16ᵉ LEÇON

Que fait la gendarmerie avant d'extraire des prisons les individus à transférer de brigade en brigade, et quel est son devoir pendant le trajet?

Elle doit s'assurer de leur identité, les fouiller, et vérifier s'ils n'ont pas sur eux des objets tranchants ou instruments pouvant favoriser leur évasion.

Elle doit exiger le dépôt de l'argent ou des valeurs que les prisonniers possèdent; elle en fait mention sur la feuille de route et leur restitue à l'arrivée à destination.

Pendant le trajet, elle ne doit pas perdre de vue leurs mouvements; elle observe s'ils ne tentent pas de s'évader par ruse; elle les surveille de très près, surtout dans les endroits favorables à l'évasion, tels que bois, ravins, ec.

A combien de sortes de contraventions peuvent donner lieu le déplacement ou le transport de boissons? Les citer.

A six sortes de contraventions qui sont :

1º Enlèvement, déplacement ou transport de boissons sans déclaration préalable et sans une pièce délivrée par la régie en échange de la déclaration (il n'y a exception que pour le voyageur, qui a droit à transporter, sans déclaration, le vin nécessaire à sa consommation en quantité maximum de trois bouteilles);

2º Défaut d'identité entre les boissons composant un ou plusieurs chargements et les expéditions présentées;

3º Transport des boissons à une destination autre que celle indiquée dans les expéditions ou avec une expédition dont le délai est expiré ;

4º Déchargement desdites boissons, sans déclaration préalable, ailleurs que chez le destinataire indiqué par l'expédition;

5º Séjour en route du chargement pendant plus de vingt-quatre heures sans déclaration et sans remettre les expéditions à la régie;

6º Refus de représenter les expéditions à

toute réquisition des agents, ou refus de leur permettre la vérification des boissons transportées.

Qu'est-ce que le mandat de dépôt et comment est-il mis à exécution ?

C'est un ordre délivré, *seulement* par le juge d'instruction sur conclusions du procureur, de mettre en détention provisoire, à la maison d'arrêt, le prévenu qu'il vient d'interroger. La notification est presque toujours faite à un individu déjà arrêté.

Pour l'exécuter, il faut exhiber le mandat à l'individu, lui en donner lecture et copie.

Si le prévenu n'était pas arrêté, on devrait se conformer à ce qui est dit pour le mandat d'arrêt (leçon 15).

Quelles sont les conditions auxquelles doivent satisfaire les compartiments des voitures publiques ?

Les compartiments des voitures publiques doivent remplir les conditions suivantes :

Largeur moyenne des places, $0^m,48$; largeur des banquettes, $0^m,45$;

Distance entre les deux banquettes, $0^m,45$;

Distance entre la banquette du coupé et le devant, $0^m,35$;

Hauteur du pavillon au-dessus du fond de la voiture, $1^m,40$;

Hauteur des banquettes, y compris le coussin, $0^m,40$.

Pour les voitures parcourant moins de 20 kilomètres et pour les banquettes à plus de trois places, la largeur moyenne des places pourra être réduite à 0m,40.

Lorsque sur l'impériale il y aura une banquette à trois places, la hauteur de cette banquette, y compris le coussin, ne dépassera pas 0m,30.

17e LEÇON

Que doit faire la gendarmerie si un prisonnier tombe malade ou arrive malade dans une brigade non pourvue de prison ou d'hôpital ? Et s'il meurt entre les mains de l'escorte ou à la chambre de sûreté ?

La gendarmerie doit laisser le prisonnier déposé dans la chambre de sûreté ; les secours nécessaires lui sont administrés par les soins du maire ou de l'adjoint, mais seulement jusqu'au moment où il peut être transféré sans danger sur la prison ou sur l'hôpital le plus à proximité.

S'il meurt, la gendarmerie doit prévenir immédiatement le maire de la commune dans laquelle le prisonnier est décédé ; elle l'invite à l'inhumer après les délais voulus par la loi ; elle signe l'acte de décès et s'en fait délivrer une copie qu'elle joint au procès-verbal de l'événement, ainsi que l'ordre de conduite et les autres pièces relatives au prisonnier. Le tout est envoyé par ses soins au commandant d'arrondissement.

*Indiquer les formalités à remplir pour cons-
tater une contravention pour défaut d'identité
entre les boissons composant le chargement et
l'expédition présentée.*

La gendarmerie doit se faire présenter l'expédition, voir si le nombre de fûts porté sur
l'expédition est en concordance avec celui du
chargement; si l'espèce et la qualité du liquide
sont bien celles indiquées. (N'ayant pas d'instruments pour vérifier, la gendarmerie se
borne à contrôler le nombre des fûts, la nature et l'espèce des liquides, la voie suivie, les
moyens de transport employés.)

Si l'expédition est irrégulière, c'est-à-dire
non identique au chargement, elle doit joindre l'expédition au procès-verbal dressé en la
signant *ne varietur*, et, pour continuer le
transport, elle doit faire délivrer, dans tous
les cas, un acquit-à-caution par le buraliste
de la localité.

En général, il y a lieu de laisser la libre
disposition des chargements saisis aux contrevenants ; de n'opérer la saisie réelle, c'est-à-
dire de retenir les chargements, que si ce
sont des fraudeurs de profession notoirement
insolvables ; et, dans ce cas, on devra s'ad-
joindre, autant que possible, pour rédiger le
procès-verbal, un agent de la régie.

S'il y a contestation de la part du voiturier,
sur la nature ou l'espèce des boissons saisies,
il faut en prélever des échantillons, les cache-
ter et signer ainsi que le voiturier, et joindre
ces échantillons au procès-verbal.

Comment se met à exécution un jugement de simple police ou correctionnel portant condamnation à l'emprisonnement?

Les agents étant munis de l'extrait de jugement revêtu du réquisitoire du procureur, doivent l'exhiber au condamné, lui en donner lecture, sans jamais lui en laisser copie, l'arrêter et le conduire à la maison d'arrêt dont le gardien en donne décharge.

S'il n'est pas trouvé, ils dressent procès-verbal des recherches infructueuses, lequel est adressé au procureur sans faire aucune notification préalable.

Quelles sont les mesures à prendre par la gendarmerie relativement aux aliénés?.

Ce sont les maires qui sont chargés de prendre les mesures nécessaires pour empêcher la divagation des fous.

En cas de danger imminent attesté par la notoriété publique ou par le certificat d'un médecin, les maires ordonnent les mesures provisoires nécessaires, à la charge d'en référer dans les vingt-quatre heures au préfet.

Les hospices ou les hôpitaux civils sont tenus de les recevoir provisoirement. En aucun cas, un aliéné ne peut être déposé dans une prison. (Art. 24 de la loi du 30 juin 1838.)

Quand un individu atteint de folie furieuse se porte à des violences et voies de fait, ou inspire de justes inquiétudes, la gendarmerie s'en saisit avec les précautions convenables et le conduit devant le maire. Elle dresse pro-

cès-verbal contre les parents responsables.
(Loi du 30 juin 1838.)

Dans les circonstances exceptionnelles,
quand il s'agit d'un fou dangereux, muni d'armes et disposé à s'en servir, le maire peut
réclamer le concours de la gendarmerie ;
mais une fois le danger conjuré ou l'arrestation faite, le malade doit être remis à l'autorité civile, qui requiert, pour la conduite à
l'hospice, un ou plusieurs habitants de la
commune. (Circ. de l'intérieur du 25 mai 1872.)

Dans les lieux de passage où il n'existe pas
d'hospice, les maires doivent pourvoir au logement des aliénés, soit dans une hôtellerie,
soit dans un local loué à cet effet.

Dans aucun cas, ils ne pourront être conduits avec les prisonniers. (Loi du 30 juin 1838.)

18e LEÇON

*Que doit faire la gendarmerie si un prévenu
ou condamné conduit à pied tombe malade en
route, et que deviennent les pièces qui le concernent ?*

La gendarmerie d'escorte réquisitionne le
maire ou l'adjoint du lieu le plus voisin, de
pourvoir aux moyens de transport jusqu'à la
brigade dans la direction de la conduite du
prisonnier. S'il y existe une maison d'arrêt,
elle le place à l'infirmerie, à la garde du con-
cierge qui en donne reçu ; si c'est un hôpital

civil, il y est soigné en lieu sûr, sous la surveillance des autorités locales.

Son dossier reste, dans ce cas, entre les mains du commandant de la gendarmerie du canton. Après guérison, ce dossier est joint à l'ordre de conduite en y ajoutant un certificat de séjour à l'hôpital, à l'infirmerie ou à la chambre de sûreté.

Quelles sont les contraventions à constater par la gendarmerie pour fraude en matière d'allumettes ?

La gendarmerie constate :

1º La détention chez un particulier de plus de un kilogramme d'allumettes de la compagnie, libres, c'est-à-dire non contenues dans des boîtes ou paquets fermés et revêtus des timbres et vignettes de l'administration (pour les débitants, hôteliers, cafetiers, etc., qui mettent gratuitement des allumettes à la disposition de leurs consommateurs, cette quantité est illimitée);

2º La détention par tout citoyen d'allumettes de provenance frauduleuse, quelle qu'en soit la quantité;

3º La vente en fraude, ou colportage d'allumettes de provenance illégale;

4º La fabrication frauduleuse d'allumettes chimiques, la détention d'ustensiles, d'instruments ou de mécaniques, de matières ou pâtes phosphorées propres à la fabrication des allumettes.

La gendarmerie ne doit pas profiter de sa présence fortuite dans une maison particulière pour constater la fraude ; elle ne peut le faire que quand elle y est entrée *légalement*.

Les allumettes saisies, quelles qu'en soient la nature et la quantité, seront immédiatement détruites par les saisissants, sous réserve que des échantillons mis sous le cachet des parties seront joints aux procès-verbaux. Quant au phosphore saisi, s'il est de bonne qualité et susceptible d'être utilisé dans les fabrications, on le dirigera d'office sur la manufacfure la plus voisine. (Lettre autographiée de la direction générale des contributions indirectes du 6 février 1890.)

Comment est mis à exécution un jugement portant contrainte par corps pour dettes envers l'Etat demandée par un employé des finances ?

La contrainte par corps doit être revêtue des réquisitions du procureur.

D'après l'article 11 de la loi du 22 juillet 1867, le débiteur ne doit plus être conduit en référé devant le président du tribunal ; il peut prévenir ou faire cesser l'effet de la contrainte. en fournissant une caution reconnue bonne et valable. La caution est admise, pour l'Etat, par le receveur des domaines ; pour les particuliers, par la partie intéressée. En cas de contestation, l'individu est incarcéré, puisque le tribunal civil est seul compétent pour juger si la caution est bonne et valable.

Si le débiteur veut acquitter sa dette avant d'être écroué, il est conduit devant le percepteur, puis remis en liberté après paiement.

Les réquisitions des chefs de parquet doivent porter la mention suivante : « *Le présent réquisitoire sera annulé de plein droit lorsque le percepteur attestera que le contraignable est libéré de la dette qui motivait la contrainte par corps.* » (Circ. du Garde des sceaux, Ministre de la justice, du 26 avril 1888.)

Les gendarmes ne doivent jamais acquitter les dettes de celui qu'ils ont mission d'arrêter, soit de leurs propres deniers, soit au moyen de collecte ; ils ne doivent pas non plus accepter l'argent du débiteur pour se charger de le remettre à l'employé des finances. Ils sont autorisés à surseoir à l'incarcération, dans le cas où des circonstances ignorées de l'administration paraîtraient s'y opposer, sauf à en rendre compte à qui de droit. (Circ. de la guerre du 13 décembre 1858.)

Tout individu appréhendé en vertu d'une contrainte par corps, qui ne peut ou ne veut marcher, ne doit être transporté à la maison d'arrêt où il doit subir sa détention, par les *voies ferrées* ou *en voiture*, que s'il y a *certificat médical* constatant l'impossibilité d'effectuer le trajet à pied, ou bien *réquisition motivée* de l'autorité municipale, après constatation par elle du refus de marcher. (Circ. du directeur de la comptabilité publique du 30 décembre 1890.)

Quels sont les délais de prescription pour les crimes, délits et contraventions du ressort des tribunaux civils et militaires ? Citer les exceptions à la règle générale.

Les contraventions se prescrivent après un

an ; les délits, après trois ans ; les crimes, après dix ans.

Les délais de prescription se comptent à partir de la date de la clôture de l'instruction.

Pour un crime commis par un enfant de moins de 10 ans, la prescription est acquise au bout de trois ans. (Cassat., 22 mai 1841 et 21 août 1864.)

Les exceptions à la règle générale sont pour :

1º Les délits ruraux, qui se prescrivent par le délai d'un mois ;

2º Les délits forestiers (trois mois si le délinquant est connu, et six mois s'il est inconnu) ;

3º Les délits de pêche (un mois si le délinquant est connu, et trois mois s'il est inconnu) ;

4º Les délits de chasse, qui se prescrivent par trois mois ;

5º Les délits de grande voirie, qui se prescrivent par un mois ;

6º Les contraventions de la compétence des conseils de préfecture, qui se prescrivent par six mois.

L'insoumission et la désertion ne se prescrivent qu'à l'âge de 50 ans. (Art. 73 de la loi du 15 juillet 1889.)

19e LEÇON

Que fait la gendarmerie en cas d'évasion d'un prévenu ou condamné déposé à l'infirmerie ou dans un hôpital, ou en cas de mort de ce même prévenu dans un hôpital civil ?

En cas d'évasion, la gendarmerie doit, au premier avis, rechercher le prisonnier et se rendre sur les lieux de l'évasion pour connaître s'il y a connivence ou défaut de surveillance de la part des gardiens et dresser procès-verbal des recherches, lequel est adressé *sur-le-champ*, avec les autres pièces de l'évadé, au commandant d'arrondissement.

En cas de mort, la gendarmerie doit se faire délivrer une expédition de l'acte de décès, qui est réunie aux autres pièces du décédé, et envoyer le dossier dans les vingt-quatre heures au commandant d'arrondissement.

Quelles sont les contraventions à constater par la gendarmerie, pour fraude en matière de tabac, et quelles sont celles qu'elle doit se borner à dénoncer ?

Elle doit constater :

1º L'importation de tabac étranger ; il y a saisie du tabac et des transports (113 grammes de tabac étranger ne sont pas une provision : Cassat., 28 août 1877) ;

2º La circulation de tabac en feuilles sans expédition de la régie ; il y a saisie du tabac et des moyens de transport ;

3º La circulation de tabacs fabriqués en quantité de 1 à 10 kilos, sans marque et sans laissez-passer ; il y a saisie ;

4º La circulation de tabacs fabriqués en quantité supérieure à 10 kilos, sans acquit-à-caution ; il y a saisie ;

5º Le colportage de tabacs, ou la vente en fraude à domicile ; il y a confiscation des tabacs, ustensiles de vente et des moyens de transport ;

6º L'altération des tabacs de la régie par un débitant ou entrepositaire.

Elle doit se borner à dénoncer :

1º La plantation de tabac sans déclaration et sans permission sur un terrain ou terre ou sur un terrain clos (le propriétaire qui cultive dans son jardin-enclos moins de vingt-cinq pieds de tabac n'est pas tenu de faire de déclaration préalable et n'a pas besoin d'autorisation : Cassat. du 28 novembre 1822) ;

2º La plantation excédant de plus de 1/5 la déclaration faite ;

3º Le dépôt de tabacs en feuilles chez un particulier non autorisé à planter, ou chez un planteur autorisé, après l'époque de sa livraison ou de l'exportation, pour le planteur autorisé à exporter ;

4º La fabrication de tabacs hors des manufactures nationales ;

5º Le dépôt de tabacs fabriqués hors des manufactures ;

6º Le dépôt des tabacs des manufactures, en quantité de plus de 10 kilogrammes, sans être revêtus des marques de la régie ;

7º Le dépôt de tabac de cantine dans les lieux où la vente n'est pas autorisée ;

8º Le mélange de matières hétérogènes, dans les tabacs des manufactures, par les entreposeurs et débitants ;

9º Le dépôt de moulins, râpes, hache-tabacs, rouets et autres ustensiles de fabrication non marqués du sceau de la régie.

Dans quels cas le débiteur envers l'Etat, soumis à la contrainte par corps, ne peut-il être arrêté ?

Le débiteur envers l'Etat ne peut être arrêté :

1º Avant le lever et après le coucher du soleil ;

2º Les jours de fêtes légales ;

3º Dans les édifices consacrés au culte, mais pendant les exercices religieux seulement ;

4º Dans le lieu et pendant la tenue des séances des autorités constituées ;

5º Dans une maison quelconque, même dans son domicile, à moins d'une ordonnance du juge de paix qui, dans ce cas, doit se transporter dans la maison avec le porteur de la contrainte, ou déléguer un commissaire de police ;

6º Si, appelé en justice, il est porteur d'un sauf-conduit accordé soit par le juge d'instruction. le président du tribunal ou de la cour, ou par le directeur du jury Ce sauf-conduit réglera la durée de son effet à peine de nullité ; en vertu de ce sauf-conduit, l'arrestation ne pourra avoir lieu, ni le jour fixé pour la comparution. ni pendant le temps nécessaire pour aller et revenir.

Quels sont les délais de prescription pour les arrêts ou jugements rendus par les tribunaux civils ou militaires ?

Les délais pour la prescription des peines portées par tous arrêts ou jugements en matière de simple police correctionnelle ou criminelle, sont : deux ans pour les contraventions, cinq ans pour les délits et vingt ans pour les crimes,

20e LEÇON

Comment doivent être faites les réquisitions à la gendarmerie ?

Elles doivent être adressées au commandant de la gendarmerie du lieu où elles doivent recevoir leur exécution et, en cas de refus, à l'officier sous les ordres duquel est immédiatement placé celui qui n'a pas obtempéré.

Elles ne peuvent être données ni exécutées que dans l'arrondissement de celui qui les donne et de celui qui les exécute. Elles doivent énoncer la loi qui les autorise. le motif, l'ordre, le jugement ou l'acte administratif en vertu duquel elles sont faites. Elles sont faites par écrit, signées, datées et dans la forme ci-après :

« République française. — Conformément à la loi..., en vertu d... (loi, arrêté, règlement), nous requérons le (grade et lieu de résidence) de commander..., faire..., se transporter..., arrêter. etc., et qu'il nous fasse part (si c'est un officier)... et qu'il nous rende compte (si c'est un sous-officier) de l'exécution de ce qui est par nous requis au nom du Peuple français. »

Elles ne doivent contenir aucun terme impératif, tel que : « ordonnons, voulons, enjoignons, mandons », ni aucune formule pouvant

porter atteinte à la considération de l'arme.
(L'officier de police judiciaire témoin d'un
délit, peut requérir directement et verbalement un membre de la gendarmerie.)

*Quelles sont les indications que doit porter
une expédition délivrée par la régie pour le
transport des boissons ?*

Toute expédition délivrée par la régie doit
porter les indications ci-après :

1o Le nombre de fûts, caisses ou paniers ;

2o Les quantités, espèces et qualités des
liquides mis en circulation ;

3o Le lieu d'enlèvement et celui de destination ;

4o Les noms, professions et demeures des
expéditeurs, ceux des voituriers et ceux du
destinataire (lorsque, par exception, ce nom
n'a pu être déclaré au point de départ, il y a
obligation pour le voiturier de faire combler
cette lacune par le buraliste du lieu d'arrivée,
avant tout déchargement) ;

5o Les modes de transport qui doivent être
successivement employés ;

6o Les principaux lieux de passage à traverser ;

7o Le délai dans lequel le transport doit
être effectué du lieu de départ au lieu de destination.

*Devant qui doivent être conduits les indivi-
dus arrêtes en flagrant délit ?*

Ils doivent être conduits devant le procu-

reur de la République de l'arrondissement et
non devant le juge de paix.

Cependant, les personnes dépourvues de
papiers, les chasseurs trouvés en délit, dont
l'identité est inconnue, les charretiers qui
refusent de se tenir à portée de leurs chevaux, les conducteurs d'animaux féroces qui
ne sont pas en règle, et les individus trouvés
en contravention dans les forêts de l'Etat,
sont conduits devant le maire de la commune
la plus voisine, l'adjoint, le commissaire de
police ou le juge de paix, et ne sont mis en
état d'arrestation que sur une réquisition de
l'un de ces magistrats.

A qui doivent être adressés les procès-ver-
baux en matière de roulage et de grande voirie ?

Au commandant d'arrondissement qui est
chargé de les transmettre au sous-préfet après
les avoir fait enregistrer s'il y a lieu ; ce dernier les fait parvenir au tribunal compétent.
(Art. 22 de la loi du 30 mai 1851 et circ. du
2 mars 1857.)

Doit-on déclarer saisie du fusil à un chas-
seur muni d'un permis, qui commet une con-
travention à la loi sur la chasse ?

Si le délit est commis par un chasseur muni
d'un permis dans le temps où la chasse est
autorisée (par exemple : délit de chasse commis dans un bois appartenant au domaine fo-
restier, ou individu chassant sur un terrain
sans le consentement du propriétaire, ou sur
des terres non encore dépouillées de leurs

récoltes), la gendarmerie doit éviter de déclarer saisie du fusil au moment de la constatation du délit, puisque le délit commis n'entraîne pas la confiscation de l'arme ; mais si le délit est commis en temps de neige, la confiscation de l'arme devant être prononcée par les tribunaux d'après des arrêts de cassation des 3 juillets 1845, 3 janvier 1846, 4 mai 1848, 19 janvier 1876 à Riom et 20 janvier 1876 à Besançon, il y a lieu d'en signifier la saisie au délinquant et de la mentionner sur le procès-verbal.

21e LEÇON

Quelle est la responsabilité de la gendarmerie dans les transfèrements des prisonniers ?

Elle doit prendre toutes les mesures de précaution pour empêcher les évasions ; toute rigueur inutile pour s'assurer de leur personne est expressément interdite.

La loi défend à tous, et spécialement aux dépositaires de la force armée, de faire aux personnes arrêtées aucun mauvais traitement, ni outrage, même d'employer contre elles aucune violence, à moins qu'il n'y ait résistance ou rebellion, auquel cas seulement ils sont autorisés à repousser par la force les voies de fait commises.

Toutefois, les gendarmes encourant, en cas d'évasion, une grande responsabilité, il leur est laissé quelque latitude dans le choix des moyens à employer pour prévenir les évasions. L'emploi des chaînettes est adopté généralement, et celui des poucettes pour les grands criminels, ou s'il y a mutinerie ou tentative d'évasion.

L'usage de grosses chaînes, de menottes à vis ou de colliers de chiens est interdit. De même, il est défendu de fixer au harnachement le bout du lien qui retient le prisonnier.

La gendarmerie doit signaler sur l'ordre de conduite les tentatives d'évasion pendant la route, et empêcher les prisonniers de s'enivrer.

Quelles sont les primes dues pour l'arrestation d'un forçat ou d'un condamné adulte évadé d'un établissement pénitentiaire, et celles dues pour l'arrestation d'un jeune détenu, évadé d'une maison correctionnelle ou d'une colonie agricole ?

Elle est de 50 francs pour un forçat ou condamné adulte évadé, et de 15 francs pour un jeune détenu évadé d'une maison correctionnelle ou d'une colonie agricole. (Dépêche de l'intérieur, 7 janvier 1867, et lettre de la guerre du 19 février 1883.)

Résumer la loi sur l'affichage, en ce qu'elle intéresse le service de la gendarmerie.

Les affiches sur papier blanc sont celles apposées par ordre de l'autorité, dans un but d'intérêt public ; elles sont exemptes du timbre (1).

---

(1) Les affiches administratives ayant pour objet la célébration de la fête nationale du 14 juillet peuvent

Celles des particuliers doivent être imprimées sur du papier de couleur ; elles sont
soumises au timbre ; celles peintes sur les
murs ou sur toile sont soumises à une taxe
annuelle de timbre. Il n'y a exception que
pour les affiches électorales d'un candidat,
et encore ce bénéfice ne s'étend que pendant
l'époque de la période électorale, c'est-à-dire
du jour du décret de convocation jusqu'à la
clôture du scrutin.

Un candidat remerciant les électeurs de
leurs votes par affiches non timbrées est en
contravention. (Décis. du Ministre des finances des 7 septembre, 13 octobre 1868 et
5 novembre 1880.)

Les affiches imprimées doivent porter le
nom et le domicile de l'imprimeur ; celles
manuscrites, celui de l'auteur.

Par la loi du 30 mars 1880 et le décret du
18 février 1891, la gendarmerie a qualité pour
constater les contraventions en matière d'affiches ; elle dresse donc procès-verbal dans
la forme ordinaire, à la requête de la direction générale de l'enregistrement. Ces procès-verbaux sont remis par les gendarmes
au receveur des domaines de leur circonscription, appuyés des pièces à contravention,
s'il y a lieu. En matière d'affiches peintes,
les procès-verbaux sont dressés à la requête
du ministère public. Lorsque les affiches sont

être imprimées sur papier blanc, non timbré. (Note du
qurceau central de la direction générale de l'enregistrement du 8 juillet 1880.)

collées et qu'on ne peut les décoller sans les déchirer, il n'est pas nécessaire de les détacher pour confirmer le procès-verbal ; seulement, il y a lieu de le relater, ainsi que les faits qu'elles contiennent, d'une manière précise pour éviter toute contestation.

Si des affiches, placards, imprimés ou manuscrits contiennent des injures contre le gouvernement, des provocations au meurtre, au pillage, à la révolte ; contre les mœurs, la morale publique ou religieuse, la gendarmerie doit les arracher et les faire parvenir de suite avec un procès-verbal au procureur.

Pour que le timbre soit exigible, il faut que l'affiche ou circulaire soit inscrite dans un lieu public. Par lieu public, on entend le local accessible à tous les citoyens, ou à une classe de citoyens, soit d'une manière absolue, soit en remplissant certaines conditions d'admissibilité.

Les débits de tabac, les agences de location des théâtres et des gares, la salle des pas-perdus d'un palais de justice, l'intérieur des voitures publiques et wagons; les hôtels, cafés, théâtres, concerts et leurs passages ou vestibules ; les vitrines donnant dans un lieu public, sont considérés comme lieu public, (Voir l'ouvrage de M. Garnier, *De l'Enregistrement*, 6e édition, 1878, n° 1892.)

Doit-on toujours mettre en état d'arrestation les individus pris en flagrant délit pour fait de peu d'importance ?

Non, si le délit est de peu d'importance et que celui qui l'a commis soit domicilié dans le pays ou qu'il y soit connu, on pourra se dispenser d'en opérer l'arrestation, et par conséquent de le conduire devant l'officier de police judiciaire de l'arrondissement, à qui il suffira d'adresser le procès-verbal dans le plus bref délai. (Circ. du Ministre de l'intérieur du 21 juillet 1858.)

Cette manière de faire est implicitement indiquée par les modifications apportées aux articles 91 et 113 du Code d'instruction criminelle par la loi du 14 juillet 1865.

22e LEÇON

Que fait le commandant d'escorte dans le cas de rebellion et tentative violente d'évasion de la part des prisonniers?

Le commandant de l'escorte, dont les armes doivent toujours être chargées, leur enjoint, au nom de la loi, de rentrer dans l'ordre, en leur déclarant que s'ils n'obéissent pas, ils vont y être contraints par la force des armes. Si cette injonction n'est pas écoutée et si la résistance continue, la force des armes est déployée à l'instant même, pour contenir les fuyards, rebelles et révoltés.

Si, par suite de l'emploi des armes, un ou plusieurs prisonniers sont restés sur place, le commandant d'escorte fait immédiatement prévenir le juge de paix du canton ou tout autre officier de police judiciaire le plus à proximité, afin qu'il se rende sur les lieux. Il dresse procès-verbal de cet événement, qui est signé par tous les gendarmes d'escorte et remis à l'officier de police judiciaire.

Le chef d'escorte doit en prévenir également de suite le commandant d'arrondissement et le maire de la commune, qui est requis de dresser les actes et de pourvoir à l'inhumation, après en avoir reçu toutefois l'autorisation du procureur.

La conduite des prisonniers restants n'est pas retardée, à moins qu'il n'y ait décision contraire de l'autorité civile ou judiciaire.

Quelle est la prime due pour l'arrestation d'un failli, et comment se perçoit-elle ?

Elle est la même que celle accordée pour la mise à exécution d'un mandat d'arrêt, soit 12, 15 ou 18 francs, suivant l'importance numérique de la population de la localité où l'arrestation a eu lieu. (Circ. de la justice du 30 avril 1827.)

Le mémoire, ordonnancé par le président du tribunal, est payé par le syndic de la faillite, s'il possède les fonds nécessaires pour le paiement de cette prime; et si les fonds sont insuffisants, par le receveur de l'enregistrement qui en fait l'avance sur les fonds du ministère de la justice.

Les commerçants, industriels, aubergistes, etc., ont-ils le droit de refuser leurs marchandises aux acheteurs ?

Ceux qui occupent des charges ou exercent des professions privilégiées de l'Etat, telles que : les avoués, buralistes, huissiers, notaires, pharmaciens, sont tenus de se mettre à la disposition du public. La même obligation, sous peine de contravention, est imposée aux boulangers (quoique le décret du 22 juin 1863 ait admis la liberté de la boulangerie), aux bouchers, et les force à délivrer leurs marchandises aux personnes qui leur en offrent le prix voulu. (Cassat., 20 août 1875.)

Les autres industries sont libres en vertu des lois des 2 mars, 19 et 22 juillet 1791. Les aubergistes ne sont donc pas tenus de recevoir dans leur établissement les individus qu'ils ne veulent pas y admettre ; et un commissaire de police, non plus que la gendarmerie, ne peut, même en offrant de payer, les obliger à recevoir un mendiant sans asile. (Cassat. des 2 juillet et 3 octobre 1857.)

23e LEÇON

Que fait le chef d'escorte en cas d'évasion de prisonniers pendant la route ?

Il doit faire conduire ceux qui restent à destination avec les pièces qui les concernent.

Autant que possible, il se met aussitôt sur les traces des évadés et requiert les agents de l'autorité et les citoyens de le seconder dans les recherches ; il en donne partout le signalement et ne cesse la poursuite qu'une fois la certitude acquise qu'elle est sans résultat. Il dresse procès-verbal de l'événement et en rend compte immédiatement au commandant d'arrondissement qui, de son côté, ordonne les recherches et les poursuites convenables.

S'il y a négligence de la part de l'escorte,

les gendarmes sont passibles de peines pro-
portionnées à la nature des crimes ou délits
commis par les évadés. Les peines d'emprisonnement cessent pour les gendarmes aussitôt que les évadés sont représentés, pourvu
que ce soit dans les quatre mois de l'évasion,
et qu'ils ne soient pas arrêtés pour d'autres
crimes ou délits commis postérieurement.
(Art. 247 du Code pénal. — Cassat. du 30 décembre 1843.)

*La prime de 10 francs pour arrestation d'un
colporteur d'allumettes, âgé de moins de 16 ans,
est-elle due aux capteurs ?*

Non, s'il n'est pas solvable, car, d'après
l'article 13 de la loi du 22 juillet 1867, la contrainte par corps ne peut être prononcée contre les individus âgés de moins de 16 ans
accomplis à l'époque des faits qui ont motivé
la poursuite. (Instr. du Ministre des finances
du 20 septembre 1875, art. 189, et Cassat.
du 25 mars 1881.)

*La gendarmerie doit-elle obtempérer à un
réquisitoire d'arrestation délivré par un maire?*

La gendarmerie ne doit obtempérer aux
réquisitions des autorités civiles, judiciaires
et administratives, qu'autant qu'elles sont légales ; or, la liberté de chaque citoyen étant
inviolable, son arrestation ne peut avoir lieu
qu'en deux circonstances :

1° En cas de flagrant délit déterminé par
les lois ;

2° En vertu d'ordres, mandats ou jugements. décernés par l'autorité compétente.

D'après le Code d'instruction criminelle, le juge d'instruction seul est compétent pour décerner des mandats d'arrêt ou de dépôt, et encore après avis conforme du procureur de la République. Quant aux mandats d'amener ou de comparution, tous les officiers de police judiciaire auxiliaires du procureur de la République (dans ce nombre, sont compris les maires), agissant en cas de flagrant délit, ont qualité pour délivrer ces deux mandats.

Donc, la gendarmerie ne devra, sur les instances d'un maire, procéder à l'arrestation d'un citoyen que si ce magistrat délivre, en sa qualité d'officier de police judiciaire auxiliaire du procureur, un mandat d'amener.

Cependant, s'il s'agissait d'un aliéné dangereux ou muni d'armes, le maire peut, comme autorité civile, délivrer à la gendarmerie un ordre ou réquisitoire d'arrestation, mais cette arrestation n'est que momentanée; une fois le danger conjuré, le malade est remis à l'autorité civile.

Le gendarmerie peut aussi recevoir des maires des réquisitoires de transfèrement, concernant des individus qu'ils ont déjà fait arrêter par leurs agents.

24ᵉ LEÇON

Quelle est la conduite à tenir par la gendarmerie à l'égard des individus trouvés en état d'ivresse publique et manifeste ?

L'article 11 de la loi du 23 janvier 1873 prescrit de conduire, à ses frais, par mesure de police, au poste le plus voisin, pour y être retenue jusqu'à ce qu'elle ait recouvré sa raison, toute personne trouvée en état d'ivresse dans les rues, chemins, places, cafés, cabarets ou autres lieux publics.

A part les villes d'une certaines importance, il n'existe guère, dans les chefs-lieux de communes rurales, de poste de police.

Le Ministre de la guerre, consulté pour savoir si les ivrognes pouvaient être consignés dans les chambres de sûreté des casernes, a répondu, le 3 juillet 1879, au préfet de police, que, sauf le cas où l'identité de l'individu ne serait pas établie pour dresser le procès-verbal, la gendarmerie n'a pas à l'arrêter, ni à le déposer à la chambre de sûreté, lors même qu'il conviendrait, dans l'intérêt de sa sécurité, de ne pas le laisser en liberté. C'est à l'autorité locale à prendre les mesures nécessaires.

Comment s'effectue l'escorte d'un convoi de poudre ou de matières explosibles par voie de terre ?

Le commandant de l'escorte affecte un homme de sa troupe à chaque voiture ; il les visite fréquemment afin de s'assurer que toutes les précautions, pour éviter les accidents, sont prises. Il fait marcher, autant que possible, le convoi sur la terre, jamais plus vite que le pas et sur une seule file de voitures. Il ne souffre, près du convoi, aucun fumeur. Il empêche que rien d'étranger aux poudres ne soit sur les voitures, particulièrement des métaux et des pierres qui, par leur choc, peuvent produire du feu ; que personne n'y monte, qu'en cas de dérangement ou de réparations indispensables à faire à un baril : il ne laisse approcher personne du convoi et veille à ce qu'il ne soit pas fait du feu dans les environs. Il fait passer les convois en dehors des communes, s'il y a possibilité ; dans le cas contraire, il requiert la municipalité de faire fermer les ateliers et les boutiques d'ouvriers dont les travaux exigent du feu et de faire arroser, si la route est sèche, les rues par où l'on doit passer. Il ne doit jamais arrêter, ni faire stationner le convoi dans les villes, bourgs ou villages ; il le fera parquer dans un lieu isolé des habitations, reconnu à l'avance.

Les gendarmes ne peuvent pas abandonner les voitures confiées à leur garde avant d'avoir été relevés.

Devant qui doivent être conduits les individus arrêtés pour fraude en matière d'allumettes ?

La loi du 28 janvier 1875, relative au monopole des allumettes chimiques, a rendu applicables à cette matière les articles 222, 223 de la loi du 28 avril 1816 sur la contrebande, et, implicitement, l'article 224. D'après ce dernier article, les fraudeurs arrêtés devront être conduits sur-le-champ devant un officier de police judiciaire ou devant le juge compétent, qui statuera de suite par une décision motivée, sur leur emprisonnement ou leur mise en liberté.

Cependant, dans la pratique et en vertu d'une circulaire du directeur général des contributions indirectes du 13 août 1875, les contrevenants constitués prisonniers sont toujours conduits devant les directeurs ou sous-directeurs; mais cette dérogation à la loi, qui a un caractère purement administratif, n'a d'autre but que de donner aux prévenus les moyens de recouvrer plus vite leur liberté, soit en fournissant caution, soit en transigeant.

Il faut donc en conclure qu'il y a lieu de ne conduire devant les directeurs ou sous-directeurs des contributions indirectes que les individus qui, au moment de leur capture, manifestent le désir d'entrer en arrangement avec l'administration; et qu'il faut, au contraire, transférer devant le procureur de la République tous ceux reconnus insolvables ou qui déclarent ne pas vouloir transiger.

25e LEÇON

Quel est le service du gendarme de planton dans les gares ?

Le gendarme de planton doit avoir une tenue et une attitude des plus correctes. A moins que sa présence ne soit appelée sur un autre point, il doit, à l'arrivée du train, avant qu'il soit en gare, se porter sur le quai de débarquement, prendre une attitude militaire et conserver l'immobilité, faisant face au train, jusqu'à ce que celui-ci soit arrêté. Pendant le stationnement du train, il doit aller et venir de la tête à la queue du train, en conservant toujours une démarche assurée, attentive et correcte. Il s'abstient de lier conversation, si ce n'est pour son propre service ou pour répondre brièvement à des demandes de renseignements. Si l'arrêt du train se prolonge, il peut s'écarter du quai et visiter les salles ; mais il ne doit ni s'asseoir, ni s'abandonner, ni fumer, ni être accompagné. Au moment où le train est en partance, il doit se porter sur le quai de la manière qui a été indiquée à l'arrivée.

Il doit s'assurer parfois de la position régulière des militaires voyageant isolément et s'adresser de préférence à ceux dont la tenue laisserait à désirer. Il prend note de leurs noms, prénoms et du numéro de leur régiment et les signale à sa rentrée de service à son commandant de brigade.

Il devra exercer cette vérification sans entraver le service des chemins de fer, ni retarder le départ des voyageurs et apporter beaucoup de tact, de circonspection, notamment en ce qui concerne les sous-officiers. (Circ. ministérielle du 15 décembre 1878.) Les sous-officiers, brigadiers et gendarmes, n'étant pas officiers de police judiciaire, n'ont pas à constater par procès-verbal les infractions prévues par les articles 1 et 3 (grande voirie) de la loi du 15 juillet 1845, sur la police des chemins de fer ; mais le Ministre doit être informé de ces infractions par rapport spécial. (Circ. du 1er octobre 1859.)

Les chefs de gare et certains agents des compagnies de chemins de fer, étant assermentés, doivent eux-mêmes constater les infractions en matière d'exploitation ; ils n'ont donc aucune autorité sur le planton de gendarmerie, qu'ils ne peuvent requérir que pour leur prêter main-forte et en observant alors les formalités légales.

Qu'entend-on par armes prohibées ou défendues ?

La loi du 14 août 1885 abroge le § 1er de l'article 314 du Code pénal, et une circulaire du Ministre de l'intérieur adressée en fin septembre 1885 aux chambres de commerce déclare qu'il n'y a plus désormais d'armes secrètes. La fabrication, la mise en vente et la détention à domicile d'armes de toutes espèces sont donc permises ; mais le § 2 du susdit article 314 n'est pas abrogé ; et le fait d'être porteur d'armes prohibées par la loi ou par les règlements d'administration publique continue de constituer un délit.

Ces armes prohibées sont : les stylets, les poignards ou couteaux en forme de poignards, les cannes à épée, les casse-tête dit coup-de-poing américain, les bâtons ferrés des deux bouts, les fusils ou pistolets à vent, les pistolets ou revolvers de poche et les autres armes offensives, cachées ou secrètes.

D'après une décision prise le 29 juin 1868, de concert entre les Ministres de la guerre, des finances et de l'intérieur, les revolvers *au-dessous de* 0m,15 *centimètres* de longueur sont interdits. Les revolvers de plus grande dimension ne sont pas formellement prohibés; on peut en porter en voyage pour sa défense personnelle sans être muni d'une autorisation (avis du conseil d'Etat du 17 mai 1871). Sont réputées armes défendues, mais seulement dans le cas prévu par l'article 101 du Code pénal, c'est-à-dire dans une réunion séditieuse, toutes machines, tous instruments ou ustensiles perçants ou contondants dont il aura été fait usage pour tuer, blesser ou frapper.

Dans quels cas et pour quelles personnes présumées coupables d'un crime ou délit l'arrestation doit-elle être différée ?

L'arrestation ne peut être effectuée ou doit être différée : 1º Pour les personnes dont la liberté individuelle est garantie par les lois. Ces personnes sont : les ministres, sénateurs, députés. Aucun membre de l'une ou l'autre Chambre ne peut, pendant la durée de la session, être poursuivi ou arrêté en matière criminelle ou correctionnelle sans l'autorisation de la Chambre dont il fait partie, *sauf le cas de flagrant délit* (loi constitutionnelle du 16 juillet 1875);

2º Quand il s'agit d'un crime ou délit présumé, commis par un agent du gouvernement *dans l'exercice de ses fonctions, sauf le cas de flagrant délit;*

3º Quand il s'agit d'un individu *connu* et *domicilié,* seulement coupable d'une contravention ou bien d'un délit qui n'entraîne pas l'emprisonnement;

4° Quand il s'agit d'un outrage de *peu d'importance* adressé à la gendarmerie dans l'exercice de ses fonctions, par un magistrat de l'ordre administratif ou judiciaire, par un ministre des cultes, ou par une personne domiciliée *dans le pays et jouissant d'une certaine notoriété*. Cependant, si l'outrage a été fait dans une réunion publique, telle que foire, marché, fête patronale, etc., l'arrestation immédiate s'impose, afin de ne pas diminuer aux yeux de la foule le respect que doit inspirer la gendarmerie, chargée de maintenir l'ordre et la sécurité.

INSTRUCTION MILITAIRE

1re LEÇON

Qu'entend-on par classe de recrutement, par classe de mobilisation et comment les désigne-t-on ?

La classe de recrutement est composée de jeunes gens qui ont eu 20 ans pendant la même année, comptée du 1er janvier au 31 décembre.

La classe de mobilisation comprend tous les jeunes gens qui, pour une cause quelconque, doivent marcher ensemble en cas de réunion sous les drapeaux.

Ces classes sont désignées par le millésime de l'année.

Qu'appelle-t-on trajectoire ?

On appelle trajectoire le chemin parcouru par un projectile pendant son trajet dans l'air.

En combien de parties se divise la carabine de gendarmerie?

Elle se divise en cinq parties : le canon, la culasse mobile, la monture, les garnitures, la baïonnette ou le sabre-baïonnette suivant l'arme.

La gendarmerie fait-elle partie de la garnison dans une place de guerre ?

Non, excepté dans l'état de siège. Le commandant d'armes ne peut ni la passer en revue, ni la réunir pour des motifs étrangers à ses fonctions.

Qu'est-ce qu'un conseil de guerre permanent et comment est-il composé ?

C'est un tribunal militaire siégeant en temps de paix au chef-lieu de chaque corps d'armée. Il est composé de sept membres : un colonel ou lieutenant-colonel président, un chef d'escadron ou major, deux capitaines, un lieutenant, un sous-lieutenant et un sous-officier pour un accusé du grade de sous-officier, caporal ou soldat. (Le grade des juges varie en raison de celui de l'accusé.) Il y a en outre : un commissaire du gouvernement remplissant les fonctions du ministère public, un rapporteur chargé de l'instruction et un greffier pour les écritures.

2e LEÇON

Qu'entend-on par mobilisation et comment en compte-t-on les jours ?

La mobilisation est l'ensemble des opérations ayant pour but de pourvoir les différents services de l'armée pour effectuer leur passage du pied de paix au pied de guerre.

Les jours se comptent de minuit à minuit, sans interruption motivée par [es dimanches ou jours fériés.

Qu'appelle-t-on ligne de tir ?

La ligne de tir est l'axe du canon indéfiniment prolongé.

Nommer les différentes parties qui composent le canon de la carabine.

Le canon comprend deux parties : le canon proprement dit et la boîte de culasse.

Dans le canon on distingue intérieurement : l'âme, la bouche, les quatre rayures, la chambre dans laquelle se trouvent le logement de la balle, celui de l'étui et de son collet, le chanfrein, l'aminci correspondant au logement de l'extracteur, la tranche postérieure.

On distingue extérieurement : le guidon, le petit tenon, le grand tenon et la directrice (pour la carabine d'infanterie), les pans, l'embase, le bouton fileté, le logement de l'extracteur et la hausse.

La boîte de culasse comprend : la boîte proprement dite, la vis-arrêtoir du cylindre, le ressort-gâchette, la vis de ressort-gâchette, la vis-arrêtoir de vis de ressort-gâchette, la détente, la goupille de détente et l'éjecteur.

Les portes de la place peuvent-elles être ouvertes la nuit pour la gendarmerie ?

Oui, sur la demande écrite et motivée du

commandant de la gendarmerie, toutes les fois que le service l'exige.

Comment la justice militaire est-elle rendue?

Elle est rendue par des conseils de guerre et des conseils de revision.

3º LEÇON

Comment se fait l'appel en cas de mobilisation des hommes et des animaux ?

L'appel a lieu, pour les officiers ou assimilés, par ordre de service ou par titre analogue; pour la troupe, par affiches et quelquefois par ordre individuel; pour les animaux et voitures, par affiches spéciales de réquisition et quelquefois par ordre de réquisition individuel.

Qu'appelle-t-on angle de tir ?

C'est l'angle formé par la ligne de tir et le plan horizontal.

Nommer les différentes pièces de la culasse mobile.

La culasse mobile, ou mécanisme de fermeture, se compose : du cylindre, du ressort à boudin, de la tête mobile, de l'extracteur, du percuteur, du manchon et du chien.

Quel est le rôle de la gendarmerie pour l'exécution des jugements rendus par les tribunaux militaires ?

La gendarmerie ne peut être commandée qu'en vue d'assurer le maintien de l'ordre et reste étrangère aux détails de l'exécution. Elle ne doit pas être chargée de bander les yeux aux condamnés. (Déc. du 25 octobre 1874.)

Comment sont composés les conseils de guerre aux armées ?

Ils sont composés de cinq juges au lieu de sept : un colonel ou lieutenant-colonel président, un chef d'escadron ou major, un capitaine, un lieutenant ou sous-lieutenant et un sous-officier, pour un accusé du grade de sous-officier, brigadier ou soldat. (Le grade des juges varie en raison de celui de l'accusé.)
Il y a en outre : un commissaire du gouvernement rapporteur, remplissant à la fois les fonctions de magistrat instructeur et celles du ministère public, et un greffier pour les écritures.

4e LEÇON

Quelle est la durée du service militaire pour un Français et dans quelle partie de l'armée est-il successivement classé ?

La durée du service militaire est de *vingt-cinq* ans.

Tout Français reconnu propre au service fait partie successivement :

De l'armée active pendant *trois* ans ;

De la réserve de l'armée active pendant *sept* ans ;

De l'armée territoriale pendant *six* ans ;

De la réserve de l'armée territoriale pendant *neuf* ans.

La durée du service compte du 1er novembre de l'année de l'inscription sur les tableaux de recensement, et l'incorporation du contingent doit avoir lieu, au plus tard, le 16 novembre de la même année.

Pour les engagés volontaires, le service compte du jour de la signature de l'acte d'engagement.

Qu'appelle-t-on plan de tir ?

C'est le plan vertical qui contient la ligne de tir, c'est-à-dire le plan vertical passant par l'axe du canon.

Nommer les différentes parties de la hausse.

Dans la hausse on remarque : le pied, le ressort, la vis de ressort, la planche mobile, le curseur, l'arrêtoir et la goupille.

Quelles formalités doit remplir la gendarmerie à l'égard des militaires conduits de brigade en brigade, s'ils sont déposés dans une prison militaire ?

Les militaires conduits de brigade en bri-

gade par la gendarmerie peuvent être reçus
dans la prison militaire sans l'autorisation
préalable du commandant d'armes ; c'est au
commandant de la prison ou à l'agent princi-
pal qu'il appartient de rendre compte, sur son
rapport journalier, de l'entrée des détenus de
cette catégorie.

Qu'est-ce qu'un conseil de revision ?

C'est un tribunal militaire institué pour sta-
tuer sur les jugements attaqués, qui ont été
rendus par les conseils de guerre.

Il existe actuellement deux conseils de revision, l'un siégeant à Paris et l'autre siégeant
à Alger.

5e LEÇON

*Nommer les cinq catégories comprenant les
hommes de l'armée active proprement dite.*

Ce sont : 1º les hommes sous les drapeaux ;
2º les disponibles ou hommes dans la disponibilité ; 3º les hommes à la disposition de l'autorité militaire ; 4º les hommes des services
auxiliaires ; 5º les non-disponibles ou les
hommes ayant reçu une affectation spéciale.

Que nomme-t-on portée dans le tir ?

C'est la distance entre le point de départ et
le point de chute du projectile.

Nommer les différentes parties de la monture de la carabine.

La monture de la carabine comprend : le fût, la poignée et la crosse.

Quelle formalité vis-à-vis du commandant d'armes doit remplir la gendarmerie avant d'extraire un militaire de la prison ?

Elle doit obtenir un ordre d'extraction du commandant d'armes.

Comment est composé un conseil de revision ?

Un conseil de revision permanent comprend cinq membres : un général de brigade président, deux colonels ou lieutenants-colonels, deux chefs d'escadrons ou majors.

Il y a en outre, près de chaque conseil de revision, un commissaire du gouvernement et un greffier.

Lorsqu'aux armées il n'y a pas le nombre d'officiers du grade requis, le conseil ne comprend que trois juges au lieu de cinq : un colonel ou lieutenant-colonel président, deux chefs d'escadron ou majors.

6e LEÇON

Qu'entend-on par disponibles ou hommes dans la disponibilité ?

On entend par disponibles ou hommes dans la disponibilité :

1º Les hommes encore dans la période de trois ans de service actif, qui, après un an de présence sous les drapeaux, ont été renvoyés, en congé dans leurs foyers, sur leur demande, jusqu'à la date de leur passage dans la réserve en vertu des articles 21, 22 et 23 de la loi du 15 juillet 1889 (1) ;

2º Les hommes qui, ayant obtenu au tirage au sort les numéros les plus élevés, sont ren-

---

(1) L'article 21 vise : 1º l'aîné d'orphelins de père et de mère, ou l'aîné d'orphelins de mère dont le père est légalement déclaré absent ou interdit ; 2º le fils unique ou l'aîné des fils ou, à défaut de fils ou de gendre, le petit-fils unique ou l'aîné des petits-fils d'une femme actuellement veuve ou d'une femme dont le mari a été légalement déclaré absent ou interdit, ou d'un père aveugle ou entré dans sa 70e année ; 3º le fils unique ou l'aîné des fils d'une famille de sept enfants au moins ; 4º le plus âgé des deux frères inscrits la même année sur les listes de recrutement cantonal ou faisant partie du même appel ; 5º celui dont un frère sera sous les drapeaux au moment de l'appel de la classe ; 6º celui dont le frère sera mort en activité de service ou aura été réformé ou admis à la retraite pour blessures reçues dans un service commandé ou infirmités contractées dans les armées de terre ou de mer.

L'article 22 vise les jeunes gens qui remplissent effectivement les devoirs de soutiens indispensables de famille. La proportion à accorder par le conseil départemental de revision est de 5 p. 100 du contingent à incorporer pour trois ans ; par les chefs de corps, cette proportion est de 1 p. 100 après la première

voyés dans leurs foyers après leur première
année de service (art. 39 et 46 de la loi);

3º Les Français et naturalisés Français
résidant en Algérie ou dans l'une des colonies autres que la Guadeloupe, la Martinique,
la Guyane et la Réunion qui, après une année
de présence effective passée dans les corps
stationnés soit en Algérie, soit aux colonies,
sont renvoyés dans leur foyers (art. 82 de la
loi).

Qu'appelle-t-on ligne de mire ?

C'est la ligne droite ou le rayon visuel passant par le fond du cran de la hausse et le
sommet du guidon.

*Nommer les différentes pièces qui composent
les garnitures de la carabine.*

Ce sont . la baguette, l'embouchoir, le ressort d'embouchoir, la grenadière, le ressort
de grenadière (la capucine et son ressort, la
rosette-écrou et sa vis antérieure de sous-
garde pour l'arme à cheval), la sous-garde,
le pontet, la vis de culasse (le battant de

---

année et de 1 p. 100 après la seconde, calculé d'après
l'effectif des hommes de la classe appartenant au
corps.

L'article 23 a trait : 1º aux jeunes gens ayant con-
tracté l'engagement de se vouer à l'enseignement pendant dix ans ; 2º à ceux qui ont obtenu ou poursuivent
leurs études en vue d'obtenir des diplômes scientifi-
ques ; 3º à ceux qui exercent des industries d'art; 4º aux
élèves ecclésiastiques.

crosse et son anneau pour l'arme à pied), la plaque de couche et les vis à bois.

Quelle est l'escorte d'honneur due par la gendarmerie aux préfets ?

Elle est de deux brigades de gendarmerie à cheval, commandées par un lieutenant, le jour de leur prise de possession, ou au chef-lieu de leur administration dans une cérémonie publique. Elle est de deux gendarmes, pendant leurs tournées départementales, mais seulement lorsqu'ils font ces tournées en costume officiel.

Qu'entend-on par prévôté ?

La prévôté est la gendarmerie attachée à une troupe en campagne.

7e LEÇON

Qu'entend-on par hommes à la disposition ?

Ce sont : 1o Les jeunes gens non encore appelés à l'activité depuis le 1er novembre de l'année du tirage jusqu'à leur appel ;

2o Ceux qui, avant l'âge de 19 ans révolus, ont établi leur résidence à l'étranger, hors d'Europe, et qui y occupent une situation régulière (art. 50 de la loi du 15 juillet 1889) ;

3o Les jeunes gens inscrits sur les listes de recrutement de la métropole résidant dans une colonie ou un pays de protectorat où il n'y aurait pas de troupes françaises stationnées ; ou ceux inscrits sur les listes de recrutement d'une colonie autre que celle où ils résident. (Art. 82 de la loi.)

Qu'appelle-t-on but en blanc ?

C'est la seconde intersection ou rencontre de la trajectoire avec la ligne de mire. Il y a autant de buts en blanc que de trajectoires et de lignes de mire.

Nommer les différentes parties de la baïonnette ou du sabre-baïonnette.

La baïonnette comprend : la lame quadrangulaire, le coude, la douille et la virole.
Le sabre-baïonnette comprend : la lame, la monture qui se compose de la poignée et de la croisière, et le fourreau.

Quelle est l'escorte d'honneur due par la gendarmerie aux présidents de cours d'assises le jour de leur entrée ?

Elle est d'une brigade de gendarmerie.

Qu'appelle-t-on inspecteur général des prévôtés ?

L'inspecteur général des prévôtés est un général de division ou de brigade, dirigeant le service prévôtal de plusieurs armées réunies sous un même commandement. Il a droit à une garde à son logement et à une escorte de deux brigades dans ses marches et tournées.

8e LEÇON

Qu'appelle-t-on hommes des services auxi-liaires ?

Ce sont des hommes qui, impropres au service armé, peuvent néanmoins être utilisés dans des services auxiliaires, tels que : réquisitions, bureaux, ateliers, établissements, travaux de toute nature, etc.

Qu'appelle-t-on portée de but en blanc ?

C'est la distance qui existe entre la bouche du canon et la seconde rencontre de la trajectoire avec la ligne de mire.

Nommer les différentes pièces du nécessaire d'armes.

Le nécessaire d'armes se compose d'une boîte, d'un huilier, d'une lame de tournevis, d'une spatule-curette et d'une trousse en drap. Il y a en outre, comme jeu d'accessoires, un lavoir en laiton.

Quelle est l'escorte d'honneur due par la gendarmerie, à défaut de troupes de ligne, à une cour d'appel ?

Elle est de deux brigades.

Qu'appelle-t-on grand prévôt et prévôt ?

Le grand prévôt est un colonel ou lieutenant-colonel de gendarmerie, commandant la gendarmerie d'une armée ; il a droit, comme l'inspecteur général des prévôtés, à une garde à son logement et à une escorte de deux brigades dans ses marches et tournées.

Le prévôt est un chef d'escadron de gendarmerie, commandant la gendarmerie d'un seul corps d'armée ; il prend le titre de prévôt de (tel) corps d'armée et a droit à une escorte d'une brigade, si cela est possible sans nuire au service.

9e LEÇON

Qu'entend-on par hommes ayant reçu une affectation spéciale et par non-disponibles ?

Ce sont des hommes qui, en raison de leurs fonctions et pour assurer la bonne organisation et le fonctionnement des services publics auxquels ils appartiennent, ne sont pas assujettis aux mêmes obligations que les autres hommes de leur classe, tels que : les employés et agents des chemins de fer, des postes et télégraphes, des douanes, les chasseurs forestiers, les préfets, sous-préfets, etc.

Les hommes ayant reçu une affectation spéciale appartiennent à des administrations, compagnies de chemins de fer, services, etc., *au bon fonctionnement desquels la guerre et la marine ont un intérêt direct* à un moment donné.

Les non-disponibles appartiennent à des services publics qui, dans *l'intérêt général*, ne doivent jamais être désorganisés.

Qu'est-ce que l'angle de mire ?

C'est l'angle formé par la ligne de mire et la ligne de tir ou l'axe du canon.

Donner l'ordre dans lequel doit s'opérer le démontage de la carabine.

La carabine se démonte dans l'ordre suivant :

La bretelle, le sabre-baïonnette ou la baïonnette, la baguette, la vis-arrêtoir du cylindre, la culasse mobile, la vis de culasse, l'embouchoir, la grenadière (la capucine pour l'arme à cheval) et le canon.

On pourra démonter exceptionnellement, mais très rarement, les vis de ressort de gâchette, le ressort-gâchette et la détente sans les séparer, les deux vis de sous-garde et la sous-garde.

Quelle est l'escorte d'honneur due par la gendarmerie à défaut de troupes de ligne, à une cour d'assises ?

Elle est d'une brigade de gendarmerie.

Par qui sont assistés les grands-prévôts ou prévôts dans leurs jugements ?

Par un greffier choisi parmi les sous-officiers ou brigadiers de gendarmerie.

10e LEÇON

En quoi les obligations militaires des hommes ayant reçu une affectation spéciale et des non-disponibles diffèrent-elles de celles des autres hommes de leur classe ?

A moins d'ordres spéciaux visant principalement les employés des chemins de fer, des postes et télégraphes, de la trésorerie, qui peuvent être convoqués pendant les grandes manœuvres, ces individus sont dispensés en temps de paix des convocations ordinaires, revues ou exercices et des formalités relatives aux changements de domicile ou de résidence et aux déplacements pour voyager. Mais, à partir de la publication de l'ordre de mobilisation, ils sont considérés comme mobilisés et sont soumis aux lois qui régissent l'armée ; alors, les hommes ayant reçu une affectation spéciale rejoignent les postes militaires auxquels les ont destinés leurs chefs de service, ou sont, suivant le cas, maintenus dans leur affectation spéciale ; les non-disponibles attendent à leur poste les ordres de l'autorité militaire.

Qu'appelle-t-on flèche dans le tir ?

C'est la plus grande élévation de la trajectoire au-dessus de la ligne de mire.

Donner l'ordre à suivre pour le démontaje de la culasse mobile.

Enlever la tête mobile, l'extracteur, le manchon, séparer le chien, le percuteur et le ressort à boudin.

Quelle est l'escorte d'honneur due par la gendarmerie, à défaut de troupes de ligne, à un tribunal de 1re instance ?

Elle est de deux gendarmes.

Qu'appelle-t-on capitaine-vaguemestre et quelle est sa mission ?

C'est un capitaine de gendarmerie attaché à chaque corps d'armée dont la mission est de réunir, former et diriger les convois et équipages d'après les ordres du chef d'état-major. Il est secondé par deux sous-officiers à cheval, prenant le titre de maréchaux des logis vaguemestres adjoints, et par un détachement de gendarmerie.

11e LEÇON

Qu'entend-on par réservistes ?

Ce sont les hommes appartenant aux sept dernières classes de l'armée active.

Qu'appelle-t-on zone dangereuse ?

C'est la partie du plan de tir dans laquelle la trajectoire ne dépasse pas en hauteur l'élévation du but.

En combien de parties principales se divise le revolver ?

En cinq parties : le canon, la carcasse, le barillet, la platine et les garnitures.

Les gendarmes doivent-ils le salut aux sous-officiers et brigadiers étrangers à leur arme, et aux sous-officiers, brigadiers et soldats des corps de troupe décorés de la médaille militaire ?

En raison de la spécialité de leur service et de leur position militaire exceptionnelle, les gendarmes ne doivent pas le salut aux sous-officiers et brigadiers étrangers à leur arme ; mais ils le doivent aux sous-officiers, brigadiers et soldats décorés de la Légion d'honneur ou de la médaille militaire. (Décr. sur le service des places du 23 octobre 1883, art. 312.) En revanche, si les gendarmes sont décorés ou médaillés, ils ont droit au salut des militaires de même grade non décorés. (Note ministérielle du 30 janvier 1885.)

Par qui sont commandés les gendarmes attachés à une division d'infanterie ?

Ils sont commandés par un capitaine de gendarmerie qui prend le titre de « commandant de la force publique de la   e division d'infanterie ». Il est accompagné dans ses marches et tournées, du nombre de gendarmes nécessaire pour assurer l'exécution de son service.

12e LEÇON

Quelles sont les pièces du livret militaire dont la gendarmerie doit se préoccuper ?

Ces pièces sont : l'ordre de route en cas de mobilisation (itinéraire, jour, heure et lieu de destination), et la feuille spéciale relative aux appels annuels.

Comment est graduée la hausse ?

La hausse est pourvue d'une planchette qui est graduée sur le côté droit en demi-centimètres et en millimètres sur le côté gauche ; elle est graduée de 100 en 100 mètres, pour les distances de 400 à 1,000 mètres. On distingue dans la hausse trois crans de mire fixes : un au sommet pour la distance de 1,100 mètres, un au fond de la fente pour la distance de 300 mètres et un sur le talon pour celle de 200 mètres.

Nommer les différentes parties du canon du revolver.

Dans le canon on distingue intérieurement : la bouche, l'âme cylindrique du calibre de 11 millimètres, les quatre rayures.

Extérieurement : le guidon avec son embase et le grain d'orge, la partie centrale ou médiane à huit pans, la partie antérieure tronconique et le bouton fileté.

La gendarmerie est-elle appelée à rendre les honneurs funèbres, de concert avec les autres troupes ?

Non ; les honneurs funèbres ne devant être rendus que dans les villes de garnison, c'est à la troupe de ligne qu'incombe ce service. (Décis. présidentielle du 2 novembre 1874.)

Toutefois, la gendarmerie rend les honneurs aux militaires de son arme ou y ayant appartenu.

Par qui sont commandés les gendarmes attachés à une division de cavalerie indépendante ?

Ils sont commandés par un lieutenant ou sous-lieutenant de gendarmerie qui prend le titre de « commandant de la force publique de la   e division de cavalerie indépendante ». Il est accompagné, dans ses marches et tournées, du nombre de gendarmes nécessaire pour assurer l'exécution de son service.

13e LEÇON

Comment se fait la remise des livrets aux hommes, et que fait la gendarmerie quand elle y constate des ratures ou surcharges ?

La remise des livrets se fait pendant les tournées journalières dans les communes. Lorsqu'il y a des ratures ou surcharges, la gendarmerie retourne les livrets raturés ou surchargés au recrutement qui les vise et les timbre.

Que distingue-t-on dans la carcasse du revolver?

On y distingue : 1º la console ; 2º la cage du barillet ; 3º le rempart ; 4º la bande ; 5º le corps de platine ; 6º la poignée ; 7º la calotte.

Quel est l'ordre de bataille de la gendarmerie pour les réunions de troupes, parades, revues, cérémonies publiques, etc.?

La gendarmerie est la première, c'est-à-dire qu'elle doit être placée à la droite.

Sur qui les prévôtés ont-elles juridiction?

Les prévôtés ont juridiction : 1º sur les vivandiers, vivandières, cantiniers et cantinières, blanchisseuses, marchands, domestiques et toute personne suivant l'armée en vertu d'une permission ; 2º sur les vagabonds et gens sans aveu ; 3º sur les prisonniers de guerre non officiers.

14ᵉ LEÇON

Qu'appelle-t-on changement de domicile et changement de résidence?

Le changement de domicile est un abandon définitif du pays sans intention d'y revenir ; le changement de résidence est un départ du pays, mais avec espoir de retour.

En combien de parties se divise la platine du revolver et que remarque-t-on dans le barillet?

La platine se divise en trois parties principales : le chien, la gâchette et la détente.

Le barillet est percé de six chambres placées autour du canal cylindrique servant de passage à l'axe. A l'arrière de chaque chambre, il existe une feuillure destinée à loger le bourrelet de la cartouche. Les cloisons entre les feuillures ont été supprimées. La face antérieure du barillet porte une bouterolle, sa face postérieure porte une crémaillère circulaire, munie de six dents. Enfin, sur le renfort que présente à l'arrière le corps cylindrique du barillet, on remarque six échancrures destinées à recevoir la came de détente.

Quelle est l'escorte d'honneur due par la gendarmerie à ses généraux inspecteurs?

Elle est de trois brigades à cheval commandées par un lieutenant, que l'inspecteur soit général de division ou de brigade; mais cette escorte n'est fournie que sur la demande de l'inspecteur.

De quel tribunal les membres de la gendarmerie sont-ils justiciables pour les crimes et les délits commis dans l'exercice de leurs fonctions relatives à la police judiciaire et à la constatation des contraventions en matière administrative?

· Les officiers de gendarmerie, les sous-officiers et les gendarmes sont justiciables des tribunaux ordinaires et non des conseils de guerre.

15ᵉ LEÇON

Quelles sont les formalités à remplir par tout homme inscrit sur le registre matricule s'il se déplace?

1º S'il se déplace pour changer de domicile ou de résidence, il fait viser dans le délai d'un mois son livret individuel par la gendarmerie dont relève la localité où il transporte son domicile ou sa résidence; la gendarmerie envoie le livret au recrutement;

2º S'il se déplace pour voyager pendant plus d'un mois, il fait viser son livret avant son départ par la gendarmerie de sa résidence habituelle;

3º S'il va se fixer en pays étranger, il fait de même viser son livret avant son départ et doit, en outre, dès son arrivée, prévenir l'agent consulaire de France qui lui donne récépissé de sa déclaration et en envoie copie dans les huit jours au Ministre de la guerre.

Lorsqu'il rentre en France, il remplit les mêmes formalités.

Comment est faite la cible servant au tir de la gendarmerie?

La cible est de forme ronde et a 1 mètre de diamètre. Elle est divisée en trois zones par deux circonférences concentriques ayant 33 centimètres et 66 centimètres de diamètre : le cercle central est noir.

Que comprend le chien du revolver ?

Il comprend : 1° le chien proprement dit ; 2° l'axe du chien ; 3° la chaînette qui relie le chien au grand ressort ; 4° la vis de chaînette ; 5° le grand ressort ; 6° l'étouteau du grand ressort ; 7° la clef du grand ressort munie d'un excentrique ; 8° la goupille de la clef du grand ressort.

Quelles sont les personnes justiciables des conseils de guerre permanents ?

Sont justiciables des conseils de guerre permanents :

1° Tous les militaires ou assimilés en activité de service, portés présents sur les contrôles de l'armée ou détachés pour un service spécial ;

2° Les militaires et assimilés dans les hôpitaux civils et militaires ; ceux voyageant sous la conduite de la force publique ou détenus dans les établissements militaires ;

3° Les jeunes soldats ou militaires dans leurs foyers, pour des faits prévus par le titre II, livre IV, du Code de justice militaire, c'est-à-dire pour des actes se rattachant essentiellement à l'armée (ces faits sont : la trahison, l'espionnage, l'embauchage, la violation de consigne, la violence envers une sentinelle, les voies de fait et outrages envers un supérieur, la rébellion, l'abus d'autorité, la provocation à la désertion, le vol au préjudice de l'habitant chez lequel on est logé militairement, les blessures faites à un blessé pour le dépouiller, le pillage, la destruction et la dévastation d'édifices à l'usage de l'armée, le meurtre chez l'habitant où on est logé militairement, le port illégal d'insignes, les vols, faux, corruption, prévarication et infidélité en matière militaire), quand ils sont en uniforme, et par les réservistes ou territoriaux en uniforme ou renvoyés de leur corps depuis moins de six mois ;

4° Les non-disponibles dispensés de rejoindre immédiatement en cas de mobilisation, pour les faits déjà cités et prévus au titre II, livre IV, du Code de justice militaire ;

5° Les prisonniers de guerre ;

6° Les militaires en congé ou en permission pour faits prévus au titre II, livre IV, du Code de justice militaire.

16ᵉ LEÇON

Les dispositions prises pour les changements de domicile sont-elles applicables aux hommes venant s'établir dans le gouvernement de Paris ?

Non ; les hommes qui n'ont pas tiré au sort dans ce gouvernement doivent déposer immédiatement leur livret à la gendarmerie de la

Seine ou de Seine-et-Oise, qui les invite à se présenter de nouveau dans un délai de quinze jours, pour recevoir un bulletin de notification délivré par le gouverneur de Paris.

Ils font les mêmes déclarations au lieu de départ et d'arrivée, mais ce n'est qu'à la suite d'une enquête particulière que le gouvernement décide s'il y a lieu de changer leur affectation.

Comment se comptent les balles mises dans la cible au tir à la carabine?

Toute balle atteignant la cible a une valeur en points déterminée par le numéro de la zone touchée; celle du centre est comptée 3, la zone médiane compte pour 2 et la zone externe pour 1 point. Si une balle entame les circonférences de séparation, elle est comptée pour le point le plus avantageux au tireur.

Que comprend la gâchette du revolver?

Elle comprend : 1° la gâchette proprement dite; 2° le ressort de gâchette; 3° l'axe de la gâchette.

Quand les justiciables des tribunaux militaires peuvent-ils être traduits devant des tribunaux ordinaires?

En cas de complicité, c'est-à-dire lorsque la poursuite comprend des individus non justiciables des conseils de guerre et des individus qui en sont justiciables; dans ce cas, tous les individus, indistinctement, sont traduits devant les tribunaux ordinaires.

Cependant, dans les quatre cas suivants, tous les prévenus, sans distinction, sont traduits devant les tribunaux militaires :

1º Quand ils sont tous militaires ou assimilés, quand bien même quelques-uns d'entre eux ne seraient pas justiciables de ces tribunaux, en raison de leur position au moment du crime ou du délit;

2º Si les faits ont été commis par des justiciables des conseils de guerre et par des individus de nationalité étrangère;

3º Si les faits ont été commis aux armées en pays étranger;

4º Si les faits ont été commis à l'armée sur le territoire français, en présence de l'ennemi.

17ᵉ LEÇON

Quelles sont les dispositions spéciales concernant les hommes de la réserve de l'armée territoriale domiciliés dans le périmètre des places fortes?

Ces hommes cessent d'être affectés au corps auquel ils appartenaient dans l'armée territoriale; ils peuvent être, *en cas de mobilisation, appelés à l'activité* par le gouverneur ou le commandant d'armes, pour la défense de la place où ils ont leur domicile, lors même que les classes dont ils font partie ne seraient pas appelées. L'ordre de route annexé à leur livret est établi en conséquence.

Quel est le diamètre de la cible pour le tir au revolver, et comment se comptent les balles mises ?

La cible employée pour le tir au revolver est la même que celle dont on se sert pour le tir à la carabine; mais comme on ne tire qu'à la distance de 25 mètres, la 3e zone ou zone externe, cotée 1 dans le tir à la carabine, ne compte pas. La surface à atteindre est donc un cercle de 60 centimètres de diamètre et un de 33 centimètres.

Que comprend la détente du revolver ?

Elle comprend : 1o la détente proprement dite ; la barrette ; 3o le ressort de barrette ; 4o le mentonnet ; 5o le ressort de détente ; 6o le pontet.

Pour quels crimes ou délits les militaires ou assimilés, sans être employés ou étant en permission ou en congé, restent-ils justiciables des conseils de guerre en temps de paix ?

Pour ceux spécifiés au titre II, livre IV, du Code de justice militaire, c'est-à-dire pour des faits se rattachant essentiellement à l'armée, tels que : trahison, espionnage, embauchage, violation de consigne, violence envers une sentinelle, voies de fait et outrages envers un supérieur, rébellion, abus d'autorité, — provocation à la désertion, vol au préjudice de l'habitant chez lequel on est logé militairement, blessure faite à un blessé pour le dé-

pouiller, pillage, destruction et dévastation
— d'édifices à l'usage de l'armée, meurtre chez
l'habitant où on est logé militairement, port
illégal d'insignes, vol, faux, corruption, prévarication et infidélité en matière militaire.

18e LEÇON

*Quelle est la situation des douaniers et des
chasseurs forestiers ?*

Les douaniers et chasseurs forestiers, par
le fait seul de leur admission dans leurs corps
spéciaux, sont tous, quel que soit leur âge, à
la disposition de l'autorité militaire, en cas de
mobilisation. Ils sont organisés, d'après leur
aptitude au service de campagne, en compagnies ou sections actives et territoriales.
Ceux qui, par leur âge, sont encore astreints
au service militaire, figurent aux non-dis
nibles une fois leur service sous les drapeaux
terminé.

Qu'appelle-t-on feux d'ensemble ?

On appelle feux d'ensemble ceux exécutés
par la réunion de plusieurs tireurs dans le
rang. Il y en a de deux sortes : les feux de
salve ou à commandement et les feux à volonté.

Les feux de salve sont ceux exécutés par
une troupe qui ne tire qu'aux commandements
du chef.

Les feux à volonté sont ceux que la troupe
exécute à l'indication : *Commencez le feu*, faite

par son chef. Ces feux se continuent sans
autre commandement et ne se terminent qu'à
l'indication : *Cessez le feu.* Les hommes doivent tirer sans précipitation.

*Donner l'ordre à suivre pour le démontage
du revolver.*

Le démontage du revolver s'opère dans
l'ordre suivant : l'axe du barillet, le barillet,
la vis de plaque de recouvrement, la plaque
de recouvrement, la plaquette gauche de la
monture, le grand ressort, le chien, le pontet,
la gâchette, le ressort de gâchette, le ressort
de détente, la détente avec le mentonnet et
la barrette.

De plus, mais rarement, le bouton de poussoir, son ressort et le poussoir, la vis du ressort de porte, le ressort de porte et la porte,
la vis de rosette de monture, la plaquette droite
de monture et la rosette de monture.

Les pièces ci-après ne doivent être démon-
tées qu'exceptionnellement et, autant que
possible, par un armurier : la vis de baguette
et la baguette, la vis de ressort de baguette
et le ressort de baguette, la goupille de clef
de grand ressort et la clef de grand ressort, la
vis de chaînette et la chaînette, la vis de goupille de pivot d'anneau de calotte et le pivot
d'anneau de calotte.

*Les tribunaux ordinaires ne connaissent-ils
pas de certaines infractions aux lois commises
par des individus appartenant à l'armée, et
quelles sont ces infractions ?*

Oui, les infractions commises par les militaires aux lois sur la chasse, la pêche, les douanes, les contributions indirectes, les octrois, les forêts et la grande voirie sont soumises aux tribunaux ordinaires.

19e LEÇON

Comment et à quelles autorités doivent être adressées les différentes demandes des hommes relativement à leur situation militaire ?

Ces demandes sont reçues et instruites par la gendarmerie, qui les adresse au recrutement après y avoir consigné son avis.

Pour les hommes en changement de résidence, elles sont envoyées suivant leur nature :

Au recrutement *du domicile,* quand il s'agit de renseignements sur la situation et les obligations militaires ou de réclamations à cet égard, ou s'il s'agit de demandes de dispense des appels annuels à titre de soutien de famille :

Au recrutement *de la résidence,* quand il s'agit de réforme, d'ajournement d'appel annuel, d'autorisation d'accomplir sa période d'exercice dans un corps de même arme de la région de la résidence, ou bien de devancement d'appel des périodes d'instruction.

Qu'appelle-t-on feu individuel et feu rapide ?

On appelle feu individuel celui qui est exécuté par un seul tireur à la fois.

9

On appelle feu rapide un feu à volonté exécuté par une troupe qui tire rapidement, mais sans cesser de viser, en employant seulement la h usse de 200^m. Le chef fait précéder ce tir de l'indication : *Feu rapide.*

De qui sont justiciables les militaires ou assimilés qui commettent des contraventions de simple police et des infractions à la discipline ?

Ces infractions sont laissées à la répression de l'autorité militaire, qui peut toujours, suivant la gravité des faits, déférer les coupables au conseil de guerre.

Que comprennent les garnitures du revolver ?

Elles comprennent : 1º l'axe du barillet et son ressort ; le poussoir, son ressort et sa tige ; 3º la baguette et son ressort ; 4º la porte avec son axe et son ressort de porte ; 5º la plaque de recouvrement avec sa vis ; 6º l'anneau de calotte avec son pivot et sa vis-goupille ; 7º la rosette de monture et sa vis ; 8º les deux plaquettes.

20ᵉ LEÇON

Qu'entend-on par dispense, ajournement et devancement d'appel ?

La dispense libère complètement l'homme qui l'a obtenue de prendre part à un appel ; il est considéré comme ayant satisfait à la convocation et ne doit pas être rappelé l'année suivante. L'expression « ajournement », qui a été substituée au mot « sursis » employé jusqu'alors, indique une autorisation d'ajourner l'appel de l'homme pour l'accomplissement d'une période d'instruction à la convocation *normale* de l'année suivante. Le devancement d'appel est, au contraire, l'autorisation d'anticiper l'accomplissement de la période d'instruction.

Combien existe-t-il de sortes de tir au revolver ? Les définir.

Il en existe deux sortes : le tir intermittent et le tir continu.

Le tir intermittent est celui dans lequel on arme après chaque coup parti en plaçant le pouce en travers de la crête du chien.

Le tir continu est celui dans lequel l'armé se produit par l'action progressive et continuelle du doigt sur la queue de la détente. Ce tir est moins juste que le premier.

Quelles différences existe-t-il entre la carabine de gendarmerie à pied et celle de l'arme a cheval ? Donner leur désignation technique.

La carabine de gendarmerie à pied a, en plus de celle de l'arme à cheval, le petit tenon, le grand tenon et sa directrice ; les attaches de bretelle sont un battant de grenadière et un battant de crosse ; la baguette a un épaulement de plus que celle de la cavalerie. Elle a en moins la capucine. Les attaches de bre-

telle de la cavalerie sont un battant de grenadière et un battant de sous-garde.

L'infanterie a un sabre-baïonnette et la
cavalerie une baïonnette.

*Quand les individus non militaires ou non
assimilés sont-ils justiciables des tribunaux
militaires ?*

1º Lorsqu'il s'agit de crimes ou de délits
commis par des justiciables des conseils de
guerre et par des individus de nationalité
étrangère ;

2º S'il s'agit de crimes ou délits commis
aux armées en pays étranger ;

3º S'il s'agit de crimes ou délits commis à
l'armée sur le territoire français, en présence
de l'ennemi.

21º LEÇON

*Comment se recrute le contingent destiné à
l'armée de mer ?*

Sont affectés à l'armée de mer :

1º Les hommes fournis par l'inscription
maritime ;

2º Les hommes admis à s'engager ou à se
rengager dans les équipages de la flotte
(l'engagement est reçu à 16 ans accomplis
sans être tenu d'avoir 1m.54) ;

3º Les jeunes gens qui, au moment des opérations du conseil de revision, demandent à
entrer dans les équipages de la flotte ;

4º A défaut d'un nombre suffisant d'hommes compris dans les trois catégories précédentes, les hommes du contingent auxquels les numéros les moins élevés sont échus au tirage au sort.

Comment se font les signaux pour annoncer les balles mises dans la cible ?

Les signaux se font à l'aide d'un petit drapeau ou, à défaut, avec le képi que le marqueur agite de droite à gauche et de gauche à droite pour toute balle frappant la cible dans le noir ; lorsque la balle est dans la zone médiane, le signal est agité verticalement, c'est-à-dire de bas en haut et de haut en bas ; quand elle est placée dans la zone extérieure, le signal est maintenu immobile élevé au-dessus de la tête du marqueur.

Qu'appelle-t-on enrayage du revolver et comment doit-on y remédier ?

L'arme est enrayée quand le barillet ne peut tourner ; cela vient de ce que le barillet ayant tourné trop vite, son mouvement est en avance sur celui de la came de la détente ; alors cette came tombe sur une partie pleine au lieu de tomber sur une creuse.

Pour y remédier, il faut lâcher la détente et faire tourner le barillet en sens inverse avec la main, en évitant de continuer à presser.

Les jeunes soldats ou les engagés qui n'ont pas encore rejoint leur corps sont-ils justiciables des tribunaux militaires ?

Oui, mais pour le fait d'insoumission seulement.

22° LEÇON

Quel est le service de la gendarmerie en campagne ?

Outre son service prévôtal proprement dit, la gendarmerie fait à l'armée un service analogue à celui qu'elle remplit à l'intérieur pour la constatation des crimes, délits et contraventions, dont elle livre les auteurs à la justice prévôtale ou aux conseils de guerre.

Elle empêche le pillage, les violences contre les personnes ou contre les propriétés, l'achat de chevaux à des personnes inconnues ; elle fait conduire ceux qui ont été volés ou trouvés sans maître à la prévôté et conserve leurs signalements pour faciliter les recherches ultérieures. Elle fait des patrouilles de jour et de nuit, pour empêcher tout désordre, pour faire fermer les cabarets ou autres lieux publics aux heures fixées, pour empêcher la maraude, pour écarter de l'armée les femmes de mauvaise vie, pour conduire à leurs corps les soldats avinés, pour arrêter les espions, les déserteurs, etc. — (Les militaires arrêtés sont reconduits à leurs corps, à moins que l'inculpation élevée contre eux ne soit de la compétence des conseils de guerre ; les déserteurs ennemis sont dirigés sur le quartier général le plus voisin ; leurs armes sont remises au service de

l'artillerie, leurs équipements à l'intendance
et leurs chevaux au service de la remonte.)
— Elle dress ; procès-verbal contre tout militaire ou employé de l'armée qui, sans autorisation régulière et légale, requiert des chevaux ou voitures ; contre les individus qui
tiennent des jeux de hasard ; contre les militaires de tout grade qui, à la guerre, sont
trouvés chassant, et elle signale les officiers
qui, dans les cantonnements, chassent sans
la permission du propriétaire et l'autorisation
du général commandant sur les lieux.

Indépendamment de ce service comme
force publique, la gendarmerie aux armées
peut être organisée en bataillons, escadrons,
régiments ou légions, pour faire partie des
brigades de l'armée active.

*Que doit faire le tireur quand il se produit
des ratés dans le tir au revolver ?*

Il doit d'abord essayer de déplacer un peu
le barillet par une pression, soit de droite à
gauche ou gauche à droite, afin que la pointe
du percuteur ne frappe pas la cartouche sur
le même point ; si cette tentative est inutile,
il doit changer la cartouche de chambre.

*Combien faut-il de jours en temps de paix à
l'homme habitant en France pour être déclaré
insoumis ? Et en temps de guerre ?*

En temps de paix, il faut un mois pour les
appelés, engagés, disponibles, réservistes et
territoriaux n'ayant pas servi ; et quinze jours
pour ces mêmes catégories ayant servi. En

temps de guerre ou en cas de mobilisation, le délai est de deux jours pour tous, ayant servi ou non.

23e LEÇON

Quelles sont les personnes soumises d'une manière spéciale à la surveillance de la gendarmerie prévôtale et en quoi consiste cette surveillance ?

Ce sont les individus non militaires, les marchands, vivandiers et les domestiques qui suivent l'armée. Les secrétaires, les interprètes, les domestiques des généraux et autres employés de l'armée sont tenus d'avoir une attestation de la personne qui les emploie, affirmant qu'ils sont bien à son service. Cette attestation est visée dans les corps par les colonels et dans les autres services par les prévôts.

Les vivandiers et marchands ont une patente et une plaque qu'ils doivent fixer sur eux d'une manière ostensible. Cette plaque porte l'exergue : *Marchand* ou *Vivandier* et le numéro de leur patente. Ils en ont également une à leurs voitures, sur laquelle sont inscrits leur nom, le numéro de leur patente et l'indication de la fraction qu'ils sont autorisés à suivre. La gendarmerie s'assure que ces voitures ne servent pas à transporter d'autres objets que ceux qu'elles doivent contenir, que les comestibles et les liquides soient toujours de bonne qualité et vendus au tarif fixé par les chefs d'état-major.

Un maréchal des logis ou un brigadier de gendarmerie et deux gendarmes escortent le médecin et le pharmacien militaires chargés de faire inopinément des tournées générales ou partielles pour apprécier la qualité des liquides et comestibles débités ; ils dressent procès-verbal contre les marchands ou vivandiers vendant des marchandises frelatées, lesquelles sont immédiatement répandues ou détruites, et contre ceux qui se servent de poids et mesures non étalonnés.

Les attestations et les patentes doivent être l'objet d'un examen sévère de la gendarmerie, qui se les fait présenter fréquemment, pour s'assurer de l'identité des individus qui en sont détenteurs, afin de réprimer l'espionnage. Tout domestique qui abandonne son maître pendant la campagne est réputé vagabond et arrêté comme tel.

La gendarmerie peut se faire présenter les patentes des cantiniers de régiments, mais ce sont les chefs de bataillon, les adjudants-majors et les adjudants qui sont plus spécialement chargés de leur surveillance. En général, la gendarmerie devra s'abstenir de toute ingérence superflue dans l'intérieur des corps de troupe qui ont intérêt à faire bonne police par eux-mêmes.

Quelles sont les précautions à prendre par chaque tireur après avoir exécuté son tir au revolver ?

Le tireur, avant de quitter la position, doit s'assurer que toutes ses cartouches sont brûlées ; pour cela, il doit mettre le chien au cran de sûreté, diriger le bout du canon du revolver obliquement et à gauche, faire tourner le barillet avec le pouce et l'index de la main gauche, de manière à bien voir dans l'intérieur de chaque chambre du côté opposé à la baguette ; une fois cet examen terminé, prendre la position de : *Haut le pistolet*. Le tireur doit surtout éviter, après le tir, de faire feu en avant ou en l'air à tir continu pour brûler les cartouches pouvant rester ; cette façon d'agir dénote un tireur peu soucieux de placer ses balles dans la cible et elle n'évite pas les accidents.

Combien faut-il de jours en temps de paix pour que les hommes habitant hors de France soient déclarés insoumis ? Et en temps de guerre ?

Il faut deux mois, en temps de paix, pour ceux habitant en Algérie, en Tunisie, en Europe, et six mois, s'ils demeurent dans tout autre pays.

En temps de guerre ou en cas de mobilisation par voie d'affiches et de publications sur la voie publique, ces délais sont diminués de moitié.

24e LEÇON

*Quelle est la place et quel est le rôle de la
gendarmerie prévôtale pendant les marches et
lorsque la bataille est engagée ?*

Pendant les marches, la gendarmerie peut
remplir une double mission : surveiller les
flancs des colonnes ou être attachée au service particulier des convois.

Pour assurer ce premier service, si la
troupe marche en avant, la prévôté est répar-
tie sur les flancs et en arrière des colonnes ;
elle arrête les maraudeurs ou pillards et fait
rejoindre les traînards. En cas de retraite,
elle est placée également sur les flancs et
entre les troupes et les équipages ; son devoir
est surtout de faire dégager rapidement les
routes et d'arrêter les mouvements qui peuvent dégénérer en panique.

Pour assurer le second service, c'est-à-dire
pour la surveillance des convois, lorsqu'on
opérera en pays ennemi, les gendarmes d'escorte s'assureront qu'aucun individu étranger
à l'armée ne s'approche de leur convoi ; ils
empêcheront les paysans de stationner sur
les bords de la route pendant le défilé, afin
que des espions ne puissent compter les voitures et se rendre compte de leur chargement. Si une voiture du convoi dont ils ont la
surveillance se brise pendant la marche, ils la
font tirer hors de la route ; quand elle est
réparée, elle prend la queue du convoi ; si la

réparation est impossible, ils font répartir son chargement sur les autres voitures et les chevaux servent de renfort aux attelages qui en ont besoin.

Quand les troupes sont engagées, la gendarmerie est échelonnée en arrière des corps qui sont aux prises avec l'ennemi, elle ramène au feu les soldats qui se débandent et ceux qui se détachent sans nécessité pour accompagner les blessés ; elle désigne à ces derniers l'emplacement des ambulances et aux officiers les dépôts de munitions. En cas de panique, toute la prévôté se concentre rapidement pour opposer une digue aux fuyards.

Donner le placement du revolver dans les chambres et indiquer les précau ions à prendre pour éviter les accidents.

Le revolver doit être pendu au râtelier d'armes par l'anneau de calotte, le chien à l'abattu ; il ne doit pas être laissé dans son étui, ni jamais rester chargé dans les chambres.

En route, lorsqu'il est chargé, le chien doit toujours être au cran de sûreté, et une fois de retour à la caserne, le premier soin du gendarme, avant toute autre chose, sera d'en opérer le déchargement. Les chefs de brigade, qui sont responsables, devront habituer leurs hommes à rendre compte, à chaque rentrée de service, du déchargement de leur arme en même temps que du résultat du service qu'ils viennent d'exécuter.

Comment se recrute le contingent destiné à l'armée coloniale ?

Sont affectés aux troupes coloniales :

1° Les contingents coloniaux provenant des colonies autres que la Guadeloupe, la Martinique, la Guyane et la Réunion ;

2° Les hommes admis à s'engager ou à se rengager dans lesdites troupes ;

3° Les jeunes gens qui, au moment des opérations du conseil de revision, demandent à entrer dans les troupes coloniales ;

4° A défaut d'un nombre suffisant d'hommes compris dans les trois catégories précédentes, les jeunes gens dont les numéros suivent immédiatement ceux des hommes affectés à l'armée de mer.

25e LEÇON

Par qui est surveillée la propreté des abords des camps ?

La propreté des abords des camps est sous la surveillance spéciale de la gendarmerie, qui doit enjoindre aux adjudants des corps de troupe de faire enfouir les détritus des abatages et les matières putrides des animaux morts trouvés sur leur front de bandière. En cas de départ précipité d'une troupe, celle qui la remplace est tenue de s'acquitter de ce soin.

La gendarmerie conduira devant le prévôt

les marchands et les cantiniers civils qui auront laissé, près du lieu qu'ils occupent, des choses de nature à nuire à la santé par leurs exhalaisons insalubres.

Les animaux morts trouvés à proximité des camps sont signalés aux chefs d'état-major, qui font commander les corvées nécessaires pour procéder à l'enfouissement.

En un mot, la gendarmerie porte une attention constante à tout ce qui concerne la salubrité publique.

Comment a lieu le classement des tireurs ?

Le classement des tireurs n'est fait qu'à la fin de l'année de tir. Les gendarmes qui, à la carabine, ont obtenu 36 points, sont compris dans la 1re classe ; ceux qui en ont obtenu 24 sont dans la 2e classe, et les autres dans la 3e classe.

Au revolver, les militaires qui ont obtenu 24 points sont compris dans la 1re classe, ceux qui en ont obtenu 16 dans la 2e classe, et les autres dans la 3e classe.

Qu'entend-on par sauvegardes et quel est leur rôle ?

On appelle sauvegardes des hommes choisis de préférence dans la gendarmerie de l'armée, quelquefois parmi la troupe, et dont la mission est de faire respecter, dans l'intérêt de l'armée, certains établissements publics ou certaines personnes, tels que : hôpitaux, pensionnats, communautés religieuses, moulins, maisons particulières même, ministres des cultes, etc... Ils sont secondés, s'il est nécessaire, par les gens du pays, et nourris habituellement par les administrations ou particuliers qui les emploient.

Ces hommes ont un ordre signé et revêtu du sceau du général commandant le territoire sur lequel ils sont placés, qui, seul, a qualité pour établir des sauvegardes ; ils sont sous la surveillance du grand prévôt, et lui obéissent, ainsi qu'aux officiers et sous-officiers de gendarmerie.

Ces sauvegardes sont remplacées au départ par les troupes qui leur succèdent ; si, exceptionnellement, elles ont dû attendre l'ennemi, elles s'adressent à l'officier commandant les troupes ennemies pour être reconduites aux avant-postes.

Quels sont les honneurs à rendre par la gendarmerie aux généraux et aux préfets dans les tournées de revision et aux sous-préfets lors du tirage au sort ?

Les militaires de la gendarmerie, commandés pour le maintien de l'ordre et de la tranquillité, doivent être rangés en bataille à l'arrivée des autorités au lieu des séances, et porter les armes lorsque le général et le préfet passent devant eux ; les mêmes honneurs seront rendus à leur sortie de la salle, après les opérations, si ces autorités jugent à propos de l'ordonner avant la sortie du conseil.

Toutefois, conformément à l'article 343 du décret du 23 octobre 1883, les officiers ou fonctionnaires remplaçant un supérieur à titre intérimaire ou provisoire, n'ont pas droit aux honneurs attribués aux titulaires qu'ils suppléent. (Circ. du Ministre de la guerre, 15 juillet 1879.)

Les règlements sont muets sur les honneurs à rendre aux sous-préfets ; il faut conclure qu'il est interdit, d'après l'article 351 du décret du 23 octobre 1883, de leur en rendre.

FIN

Table Alphabétique des matières

D

E

V

Paris et Limoges. — Imp. milit. H. CHARLES-LAVAUZELLE.

9 782013 748582